托幼园所环境创设

主　编　董顺花
副主编　任　田　刘　璇
　　　　　李丽红　董雪菲
参　编　杨　莉　刘　华　雍紫婷
　　　　　李　茹　王　丽　孙云霞
　　　　　王巧玲　刘志华　钟　瑞

北京理工大学出版社
BEIJING INSTITUTE OF TECHNOLOGY PRESS

版权专有　侵权必究

图书在版编目（CIP）数据

托幼园所环境创设 / 董顺花主编 . -- 北京：北京理工大学出版社，2023.10

ISBN 978-7-5763-3068-7

Ⅰ．①托… Ⅱ．①董… Ⅲ．①幼儿园—环境设计 Ⅳ．① G617

中国国家版本馆 CIP 数据核字（2023）第 211260 号

责任编辑：武丽娟　　**文案编辑**：武丽娟
责任校对：刘亚男　　**责任印制**：施胜娟

出版发行	/ 北京理工大学出版社有限责任公司
社　　址	/ 北京市丰台区四合庄路 6 号
邮　　编	/ 100070
电　　话	/（010）68914026（教材售后服务热线）
	（010）68944437（课件资源服务热线）
网　　址	/ http：//www.bitpress.com.cn
版 印 次	/ 2023 年 10 月第 1 版第 1 次印刷
印　　刷	/ 定州市新华印刷有限公司
开　　本	/ 889 mm×1194 mm　1/16
印　　张	/ 8
字　　数	/ 174 千字
定　　价	/ 75.00 元

图书出现印装质量问题，请拨打售后服务热线，负责调换

前言

司马迁《史记·李将军列传》中说，"桃李不言，下自成蹊"，此言虽小，可以喻大也。人创造环境，同样环境也创造人，好的托幼园所环境将通过教育要求预先设置的情境来感化和熏陶幼儿，此举虽不是强制性的措施，也没有立竿见影的效果，但是对幼儿的影响意义深远。我国古代启蒙读物《三字经》有云"昔孟母，择邻处"，也表明了环境对人的发展影响，在良好的环境里，能够影响幼儿品德发展、人格塑造、艺术情操和起到环境陶冶的作用。在环境中体现出来榜样的力量是无穷的，它能给幼儿以正确的方向和巨大的力量，在潜移默化中引导他们积极向上。

托幼园所是人们集体生活环境的开端，强调托幼一体化，就是要关注两个不同年龄段儿童教育的阶段性与差异性，2~6岁托幼儿的教室环境都需根据幼儿自身需求作出改变，它就像一位不会说话的老师，时刻在你看得见或看不见的地方开发着幼儿智力、激发着幼儿探索兴趣、培养幼儿小主人意识，进而提高幼儿的审美能力，引导其在环境创设中有意、无意的学习、训练，并逐渐提升自我效能感。

尽管近年来国内有许多关于环境创设方面的书籍，但很难找到一本比较全面且理论与实践并重的实用性指导用书。大多数教材是偏向环境创设的理论研究，以作用、意义和方法指导为主，不适用于即将走向工作岗位的新手幼儿园教师和学前教育专业的学生。一方面是理论知识的深度难以精准掌握，另一方面是新手教师适应工作岗位的能力需要尽快提升，要求新手教师们能够在有针对性的指导下独自完成环境的创设。

本书贯彻党的二十大精神，落实立德树人根本任务，以社会主义核心价值观为引导，旨在提高学生的职业技能和职业素养，引导学生爱党报国、敬业奉献、服务人民，使学生成为德智体美劳全面发展的社会主义建设者和接班人。本书以实际创设的托幼园所环境案例以及具体措施为基础，尝试将幼儿园环境创设的理论融于实践中，让所看所学之人不仅能够轻松的理解托幼园所环境创设的理论基础，还能够在一步步的引导措施中掌握实践的技能与技巧，从而能够使他们在从事相关岗位上快速上手，进行实际的班级或园内环境布置，真正达到学以致用，学懂会用。

全书共分为五个单元，以总分的结构展开，第一单元为走进托幼园所环境创设，包含两个知识点，分别阐述了托幼园所环境创设的意义和原则。二至五单元从室外与室内环境两方面入手，提供环境设计的实例：第二单元是托幼园所公共环境创设，具体从户外活动区、走廊与楼道环境创设两个板块说明；第三单元是托幼园所室内环境创设，分别探讨班级生活区环境创设、班级门廊墙面环境以及主题墙面环境创设；第四单元是托幼园所游戏区环境创设，主要介绍游戏区环境布置的实例以及具体创设实施的方案，以角色游戏区、建构游戏区、表演游戏区和公共游戏区环境创设的实际举例说明；第五单元介绍了托幼园所学习领域的环境创设实例，从艺术、科学和语言三个领域着手。因此，本书不仅可以为学前教育专业的学生提供专业的教材支持与辅导，还能够为已经从事学前教育行业的一线教师提供实际的范例。

鉴于编者们虽然拥有丰富的实践经历，在环境创设方面有一定的研究和探讨，但难免存在学术水平和写作水平有限的情况，因而会有不可避免的疏漏和不当之处；我们期待本书能为您提供参考、指引目标、操作实践、开阔思路、引发创新，也乐于积极打造优质的室内外环境，让环境成为幼儿快乐游戏的积极因素。在此敬请各位同行专家和广大读者批评指正，以便日后对书稿的不断修订完善。

编　者

目 录

单元一　走进托幼园所环境创设……………………………………………… 1
　知识一　托幼园所环境创设的意义………………………………………… 2
　知识二　托幼园所环境创设的原则………………………………………… 9

单元二　托幼园所室外环境创设……………………………………………… 21
　活动一　公共走廊环境创设………………………………………………… 22
　活动二　户外场地环境创设………………………………………………… 29

单元三　托幼园所室内环境创设……………………………………………… 37
　活动一　班级生活区环境创设……………………………………………… 38
　活动二　班级门廊墙面环境创设…………………………………………… 49
　活动三　班级主题墙面环境创设…………………………………………… 58

单元四　托幼园所游戏区域环境创设………………………………………… 71
　活动一　班级角色区域环境创设…………………………………………… 72
　活动二　班级建构游戏区域环境创设……………………………………… 78
　活动三　班级表演区域环境创设…………………………………………… 85
　活动四　班级公共游戏区域环境创设……………………………………… 91

单元五　托幼园所学习领域环境创设………………………………………… 97
　活动一　艺术领域环境创设………………………………………………… 98
　活动二　科学领域环境创设………………………………………………… 106
　活动三　语言领域环境创设………………………………………………… 115

参考文献……………………………………………………………………… 122

单元一
走进托幼园所环境创设

《3～6岁儿童学习与发展指南》（以下简称《指南》）中指出，幼儿的学习是以直接经验为基础的，这就决定了幼儿的学习和发展是在环境中进行的，依赖环境、通过环境、借助环境，在与环境的互动中，获得相应的经验。我们要理解幼儿的学习方式和特点，创设丰富的教育环境，最大限度地支持和满足幼儿通过直接感知、实际操作和亲身实践获取经验的需要。在班级日常教学工作中，教师需要充分发挥环境育人的作用，充分利用环境中各种有价值的信息、要素对幼儿进行生动、直观、形象而又综合的教育，通过环境创设有效地促进幼儿的真实成长和个体发展。

学习目标

知识目标：幼儿在与环境互动的过程中，充分体验，获得相应的经验。

能力目标：幼儿在参与环境创设的过程中，亲身实践、实际操作，提高自己的动手动脑能力和解决问题能力。

情感态度价值观目标：幼儿在环境的全方位浸润下，激发内在的积极性，得到积极的情感体验。

知识一　托幼园所环境创设的意义

托幼园所环境是指托幼园所内，幼儿身心发展所必需的一切物质条件和精神条件的总和。因此，托幼园所的环境可以分为物质环境与精神环境，其中物质环境是指由各类设施、材料和空间布局等为儿童提供生活及学习的环境，精神环境则是指班级内心理环境、人际交往关系、教师与托幼机构教育理念等元素紧密相关的无形总和。托幼机构的环境是幼儿成长隐形的助力者，对托幼园所工作者而言认知环境的重要性意义非凡。

一、促进幼儿认知能力的发展

幼儿的认知是在其与周围环境之间的相互作用下形成的。托幼园所环境的浸润可以塑造幼儿的部分行为习惯。除此以外，在托幼机构的环境中，教师结合幼儿不同的年龄特点投放与创设多样的材料与环境，形成富有互动性和教育性的环境，通过环境引发幼儿的思考和探究欲望，即使教师没有实施教育行为，环境也能够帮助幼儿思考、引起幼儿的关注与好奇，使其与环境"对话"。

根据幼儿的学习兴趣和学习特点，教师可以根据不同的教学主题、节气时令、节日文化将环境改变与创设，将幼儿相关的学习成果与作品在教室的墙面、区角和教室外的走廊等地方进行展示，还可以在环境中创设问题情境，以环境代替教师语言，让教育无处不在，使幼儿保持思考并保护幼儿的好奇心与求知欲，让幼儿不断与环境相互作用，使心智得到开发。

例如在主题"保护地球妈妈"中，教师可以投放不同的材料：如木块、贝壳、石块、树枝与树叶等材料，让幼儿多感官感知大自然，激发幼儿想要保护地球环境的想法，教师提供不同尺寸、轻重、质地的石块与木块，分别布置在洗手池、走廊墙体、区角材料中，让幼儿通过触摸、脚踩、观察、操作等方式感知不同材料的特性，体验分类、排序的游戏乐趣，使材料与幼儿"对话"，促进幼儿的智力发展，如图1-1-1所示。

例如在"买卖小高手"主题活动中，教师和幼儿共同将教室布置成一个大型的购物商场，一个个的店铺，一个个的摊位，幼儿与同伴自然而然地进入游戏的场景，有的扮演"老板"，有的扮演"顾客"，大家忙忙碌碌地工作着。老板们热情地向往来的顾客介绍着自己店铺的商品，顾客们精心地挑选自己心仪的商品，有模有样地进行着讨价还价，教室里充满着欢声笑语。幼儿在师幼合力打造的环境中，体验着买卖游戏带来的乐趣，积累买卖经验，与同伴之间做着这样那样的买卖游戏，如图1-1-2所示。

因此，一个好的托幼园所的物质环境应当是开放的、多样的、丰富的和充足的，这样才能够最大限度地去支持幼儿在环境中生活、探索及学习。

图 1-1-1　"保护地球妈妈"中材料与幼儿互动　　　图 1-1-2　"买卖小高手"中幼儿买卖游戏

二、促进幼儿的社会性发展

幼儿社会性发展在《指南》中被重点强调，并且属于五大领域中的社会领域的重要内容。托幼园所环境则是影响幼儿社会化的重要因素。

幼儿社会性是在托幼园所环境的点滴浸润下潜移默化形成的。例如，幼儿4～6岁时的显著社会性表现是幼儿规则意识，我们在幼儿园走廊、楼梯设置分界线及上下箭头以帮助幼儿强化"上下楼梯靠右行"的规则习惯；幼儿园随处可见各种符号标记，例如：在大班"符号精灵"主题活动中，孩子也是班级、幼儿园环境标志的小小设计师，孩子们在与各种符号对话的过程中，在探索中不断积累社会生活经验，如图1-1-3所示。

在托幼园所和班级教室内设置礼貌用语的标语牌，帮助幼儿强化文明礼貌的习惯意识；在公用洗手间设置男生与女生的标志牌，帮助幼儿建立及巩固性别意识等，园所环境的介入和支持在幼儿社会性发展中起到极大的作用。再者，教师让幼儿参与环境布置与创设（例如让幼儿选择布置的材料、装饰物的颜色、自然角里的动植物等）的过程，一方面，可以使幼儿增强对班级和园所的归属感，提升他们对在园所环境内社会交往和认知能力的依赖度，另一方面，也能缓解一些实际问题，例如入园焦虑，建立幼儿对于家庭环境以外的幼儿园所环境的归属感，真正让幼儿做班级的"小主人"，如图1-1-4所示。

除了物质环境对幼儿社会性带来的重要支持和影响以外，园所的精神环境也会对幼儿产生相应的影响。托幼园所的精神环境是看不到摸不着的，但是它们又在深层次地影响着整个托幼园所，例如托幼园所的文化历史、教师之间的人际交往模式、师幼交往、幼幼之间的交往及园所管理层的管理模式等，都是托幼机构精神环境的重要组成部分。

幼儿的人际交往根据交往对象主要分为同伴间交往、与老师长辈的交往和与社会其他人员的交往，其中对幼儿社会性影响时间更长、比重更大的是同伴之间、师幼之间的交往，这两者都是托幼园所精神环境的一部分。例如，班级间的教师及保育员若能够形成合力、友善交流且默契合作，幼儿通过模仿教师和保育员，就能改善人际交往方式及语言沟通方式，使这两方面有良好发展及进步，形成沟通顺畅、交流融洽、合作和谐的班级内部精神环境。除了精神环境的创设功能以外，还需提到的是，幼儿对于社会文化的发展和传承也可以通过园所的物质环境来进行引导教育，例如结合主题"我爱我的家乡"，不同城市的托幼园所可以将所在地市的社会文化在园所环境中呈现出来，例如北京市的托幼园所可以借助四合院、胡同文化等本地特色文化将班级内部和园所装饰起来，帮助幼儿认识本地文化并产生传承文化的情感；再例如，西安市的托幼园所就可以将本地的十三朝古都文化和古建筑风情文化特色作为园所环境创设的重要元素，让幼儿体验传统文化特色并达到社会性发展的教育目的。

幼儿的模仿是先天具备的学习品质，古人云："近朱者赤，近墨者黑"，无论是对于幼儿的人际交往，还是社会学习发展而言，良好的精神环境对于幼儿来说是能够有效促进其社会化的。另外，宽敞明亮和舒适的托幼园所物质环境也为幼儿的社会化提供了良好的场所，所以物质、精神、环境是相互作用、协同发展的，如此，才能使幼儿的社会性发展在环境与教育中日渐成熟。

（a） （b）

（c）

图 1-1-3 "符号小精灵"中幼儿与符号的对话

图 1-1-4　幼儿参与班级环境的创设

三、提高幼儿对美的感受力

学前期是幼儿的审美能力形成的重要阶段，而审美能力是通过环境的作用和熏陶逐渐培养得来的。幼儿的心智就像一块海绵，他们渴望吸收外界的一切，拥有十足的好奇心与求知欲，因此托幼园所环境的美将成为幼儿打开审美世界的第一扇门。学前儿童会较为直观地感知身边的事物环境，他们的感知具有直观性，美的环境更有利于幼儿提升自身审美能力，在年龄较小的阶段内逐渐培养审美能力。陈鹤琴先生也提出要为幼儿创设审美的环境，他提倡在室外开辟草场、花园、菜圃等，让幼儿在教师带领下尽可能地动手栽培植物、布置庭院环境，在自然中实现美育。这类观点也给教育工作者对于环境创设的理解带来了新思路。

大自然是一部真实、丰富的百科全书，蕴藏着巨大的生命资源，春天到了，万物复苏，师幼共同打造班级植物角，幼儿精心照顾自己的小种子、小植物。"老师你快看，我的小种子发芽了。""我的萝卜头开花了。""我的小花咕嘟咕嘟在喝水呢。"在孩子们的精心呵护下，小种子们慢慢长大，孩子们也在植物的陪伴下，感受生命的神奇和美好，如图1-1-5和图1-1-6所示。

《指南》中的艺术子领域"感受与欣赏"中的第一条目标便是"喜欢自然界与生活中美的

事物"，可见《指南》对于幼儿艺术领域的发展所提到的最基础内容便是幼儿应当先具备"爱美"的特质。

我们所提到的托幼园所环境"美"的创设并不仅仅是园所外表及各类材料所呈现出来的艺术形态或外观形象的美，也不是当今潮流先锋艺术或流行趋势的专业的美，而应当是一种能够引导激发幼儿发现美、欣赏美与表达美的环境创设。在托幼机构生活学习的时间占到幼儿除在家庭环境以外最多的一部分，因此我们有必要，也有义务为幼儿创设美的环境，让幼儿能够在美的熏陶中感受、体验并逐步构建自己的审美。例如，园所在进行初步设计时就应当注意校舍和教室的采光，在户外活动游戏场所中规划更多幼儿与大自然接触的空间，让幼儿能够在自然的环境下游戏并感受自然的美、体会人文的美。另外，在操作材料及装饰材料的选择上也要注意科学、美观，色彩的搭配要和谐、具有多样化，避免使用饱和度过高和过于单一的颜色，让每种色彩有不同的表达形式。主题墙及家园墙的创设除了要设计教育内容外，排版布局设计也要美观大方、色彩和材料注重多样化与整体和谐等。园所教育工作者应当同时创建美的情绪精神环境，使幼儿能够自由地表达、分享、创作，并收获快乐积极的情绪，获得全面发展。

图 1-1-5　幼儿与蚕宝宝互动　　　　　图 1-1-6　幼儿与植物互动

四、促进课程的开发和生成

环境与课程之间的关系是相互生成的，环境可以生成课程，同时教师也可以根据课程内容创设环境。课程是教育的重要形式，它与环境之间的相生关系构成了创设托幼园所环境的又一要点，环境对于幼儿而言不仅起浸润作用，还跟课程之间有重要关系，帮助课程和教师寻找教育的出发点，从幼儿的兴趣入手，在与环境互动的期间探寻幼儿最近发展区的个别化差异，从而帮助教师生成有力的教育抓手，达成相关的目标。

单元一　走进托幼园所环境创设

拓展延伸

环境与课程相生的关系：环境是课程的准备，环境是课程的发展，环境是课程的记录，环境是课程的延伸。

例如，幼儿园操场里长着一棵柿子树，陪伴小朋友们度过春夏秋冬。每年秋天柿子成熟的时候孩子们都会在树下驻足、讨论。由此，我们的"柿"界主题课程开始逐渐地生出枝干，开花结果。孩子们从不同的角度，观察柿子树，拿起画笔，呈现柿子树的一百种姿态；探究柿子树的年龄；待柿子成熟了，大家一起打柿子、做柿饼、尝柿饼，在实际操作、亲身体验中，孩子们与环境互动，与课程资源直接对话，推动着环境的生成，也助力课程的推进，如图1-1-7～图1-1-9所示。

图1-1-7　幼儿柿子树写生

图1-1-8　师幼一起打柿子

图1-1-9　师幼一起做柿饼、尝柿饼

7

我们提到环境与课程这两者的关系是相互的,那么课程在被环境生成的情况下它也可以生成环境。托幼园所经常将幼儿的作品登上主题墙这个行为就是很好的例子,但是课程生成环境也不仅限于此,随着不同教学主题的推进,园所户外、走廊和教室内的环境都在产生变化,我们在环境创设时不仅要注意美观性与安全性,还要注意将幼儿可能感兴趣的事物和认知内容以及问题探索"安排"在环境之中。

例如在教学活动和游戏中,幼儿学习到人民币纸币的"一元""五元"和"十元",那么在环境中,教师便可以补充引导幼儿认知硬币、其他面值纸币的图案、水印、颜色特点,与外币的区别方式、外币特征,在幼儿在与环境的互动过程中,不用教师再组织集体教学活动,幼儿也能够认识其余的人民币并对其他国家的钱币产生探索兴趣。除了具有帮助教师能更好地把握幼儿的最近发展区、补充认知和激发下一步幼儿求知欲和好奇心的作用以外,环境也可以利用幼儿的作品和设计使他们获得认可与归属感,如图1-1-10所示。

例如将幼儿制作的手工折纸、绘画、建构、拼贴画等作品作为班级的装饰,可以让幼儿设计制作班级内的公约和进区规则,使幼儿的社会性发展更上一层楼、更喜欢园所与班级。教师也可以生成和更新相关的区角,例如在内容为《中国传统文化》教育的主题中,教师可以生成如"茶秀吧""民俗博物馆"等区角,并在角色扮演区更新汉服等服装,利用教学生成环境这一途径,让幼儿多感官完整地体验传统文化,带着问题来探索学习,在活动结束后能发现新的问题并继续保持求知欲,如图1-1-11所示。

图1-1-10 幼儿认识人民币

图1-1-11 幼儿作品装饰教室

知识二　托幼园所环境创设的原则

托幼园所的环境是幼儿的"第三位教师",在潜移默化之中教育幼儿、引导幼儿。在环境创设的过程中,教师应遵循哪些基本原则,创设适合幼儿成长和发展的托幼园所的环境,是每个教师应该思考的一大课题。这些原则贯穿于环境创设的各项工作之中,对环境创设的每一步都具有指导作用。在环境创设的过程中,只有认真贯彻这些原则,才能更好地发挥环境的教育价值。

一、安全性原则

安全于托幼园所而言是第一要务,而常常影响幼儿安全的因素又多发于环境的创设之中。园所工作人员要确保幼儿园及托幼机构的园舍建筑物、设备设施、活动场地及玩教具等符合国家颁布的相关卫生安全标准,做好消防设施布置、预防高坠的护栏网建设等,确保幼儿的人身安全。除此以外园所的人力招聘方面也要考核工作人员及教育者的相关心理特征以确保幼儿的心理及社会性发展也处于没有安全隐患的舒适状态下。

在安全的环境之中幼儿才能得以愉悦地游戏、健康地成长、快乐地交往,它是所有托幼园所环境创设中的首要原则,应当包括以下几个方面。

(一)园舍建筑物符合安全标准

我国《幼儿园工作规程》(以下简称《规程》)及《幼儿园管理条例》明确规定:"幼儿园的园舍应当符合国家和地方的建设标准,以及相关安全、卫生等方面的规范,定期检查维护,保障安全。幼儿园的设备设施、装修装饰材料、用品用具和玩教具材料等,应当符合国家相关的安全质量标准和环保要求。"按照相关规定,托幼园所的园舍整体建筑必须坚固耐用、能够达到防震、防风、防水、防火等安全功能。并且建筑物的安全通道、楼梯层高、楼梯扶手、护栏、防护设备等配备都必须要依照相应年龄幼儿的身心特点来设置高度及间隔距离等,以保障幼儿的安全。

除了园舍整体的安全,活动室内部环境的安全也是必要的。托幼机构及幼儿园活动室为不同年龄阶段的幼儿提供了直接且长期的生活学习空间场所,幼儿在活动室内进行一日生活活动。因此,教室的空间布置、布局设计、空间密度等因素与幼儿的安全息息相关。在教室空间密度太大,幼儿人数又较多的情况下会直接造成拥挤、磕碰,也会给人际交往和心理安全带来风险与影响,幼儿在狭小的环境内冲突争抢的产生频次会大大增加。而在空间密度太小,活动室又很大的情况下,也会导致幼儿之间的交往、互动、分享、协作等行为的频次降低，干扰幼儿集体意识发展，影响幼儿心理安全及社会性的发展。另外，很多在成人眼中看起来考究且美观的装修风格和用材都有可能对幼儿造成安全隐患，例如有的幼儿园走廊与办公室的门创设为落地透明玻璃门，幼儿在跑动和追逐中很有可能看不清玻璃门是否打开而产生玻璃撞击破碎、幼儿受伤的情况。

（二）设备设施、活动场地和玩教具符合安全标准

托幼园所的设备设施要符合幼儿的相应年龄特点，本书的介绍涉及从托班到大班的幼儿，每个年龄阶段幼儿的身心发展特征都有所不同并呈现差异化。因此，园所的设备设施都要从幼儿的安全角度出发，避免危险与安全事故。例如，幼儿使用的桌椅器材和柜子边角部分都应使用圆角，保证没有锋利的锐角或凸起。走廊的地板也应当使用防滑材质并在雨雪等特殊天气中启用不同的防护措施与预案。教师也要时常检查活动室和幼儿的公用共享环境内的设施器材的损坏程度（图1-2-1）。

活动场地中的安全因素也应当被考虑，它主要指的是室内外的活动场地，其中室内的活动室的空间布局要合理，考虑每个年龄阶段幼儿的身心不同需求，考虑窗户的方向和大小尽量让阳光能够进入室内活动空间，保证幼儿健康地成长，并且在墙面颜色的选择中尽量使用让人感到安全舒适的暖色调，饱和度不宜太高。户外活动游戏场所应当平坦、空间大，户外游戏设施设备也要派专员定期检查检测其耐用性和安全性。例如，户外地面草坪要杜绝出现尖锐物品，防止幼儿在游戏活动中出现划伤等危险情况。

图1-2-1 教师对校园环境进行安全检查

玩教具主要出现在室内共享活动室及班级教室、走廊内，它们是幼儿玩耍与学习、教师进行教育教学活动的必要物质条件，其功能性非常强大，但是由于其多样性和材料的复杂性，也让玩教具的安全隐患偶有出现。例如，很多教师偏爱的玩教具材料是废旧物品比如报纸、易拉罐等，但是报纸容易阴湿发霉、易拉罐裁剪容易出现裁口过于锋利的情况，这都会为幼儿的使用造成安全隐患；另外，小颗粒状的材料如吸管段、玻璃珠、纽扣等材料都容易造成误食误吞的危险，尤其在托小班幼儿的玩教具管理中更应该使用无毒、安全的材料，因为幼儿在此年龄阶段本身其安全规范意识就较为薄弱，所以教师应当加强管理小颗粒类材料并尽量减少投放。

总而言之，托幼园所环境创设最应当遵守的首要基础原则就是安全原则，安全是大事但是

又见于细节，需要园所上下所有人都加强安全意识，才能让幼儿在安全的环境中健康成长。

二、适宜性原则

就托幼园所物质环境条件创设中的适宜性原则而言，它主要指的是所有托幼园所中的物质条件都应当从幼儿角度出发，使其符合幼儿相应年龄特点及身心发展需求，根据其最近发展区、年龄特点、兴趣爱好、个别化差异等让环境与其匹配、协调，以满足幼儿全面发展的需要。

在环境创设尤其是班级内部的环创实践中，新手教师经常会出现对幼儿的年龄特征认知意识缺乏的情况，对于不同年龄阶段幼儿的年龄特征把握不准、创设环境时按照自己的理解进行实践，例如在托小班区角创设中使用有较多文字的标识及较多抽象符号，就不符合幼儿的形象思维阶段的发展，他们处于感知运动阶段和前运算阶段的过渡期，抽象逻辑思维发展水平较低，便无法理解教师设计的标识含义，也看不懂文字。这种失误体现的是教师对于环境的理解不充分以及对于其教育对象认知的缺乏。因此，贯彻适宜性原则必须落实以下两个方面。

（一）适宜幼儿的年龄特征

适宜幼儿的年龄特征是因为幼儿在0~6岁的成长中，身体、心理、认知、情感等方面的发展速度飞快，并且在不同年龄阶段呈现出的差距较大，环境和材料必须要不断更新以满足幼儿在不同发展阶段的需求。本书涉及的年龄阶段包括托班（2~3岁）、小班（3~4岁）、中班（4~5岁）、大班（5~6岁），以上四个年龄阶段在身心发展方面的差异都是非常悬殊的，并且不同年龄阶段所需要的环境也不尽相同，所以托幼园所及教师应当为不同阶段的幼儿提供不同的适合其发展需求的环境。

例如，托班幼儿还属于婴儿期，对其而言保育就比教育的内容占比要更大，因此要考虑更多的是环境的舒适度、充足的自然光设计以及提供简单的玩教具，以帮助幼儿形成对于世界的基础认知。小班幼儿要求的环境就要更加丰富，材料要更加温馨、色彩多样一些，多一些视觉、听觉、触觉等多感官刺激的材料，比如用不同材质制作的挂画可以让幼儿不断地触摸感知材料特性，同时在此基础上也要注意少使用文字或过于抽象的符号，要使环境能够对应幼儿的身心发展水平。对于中班幼儿的环境创设来说，它需要在小班的环境基础上突出操作性和探索性，并且投放的区角材料也需要更新，同时设计更多的需要协作和分享来完成的问题式情境，因为幼儿在4~5岁阶段处于社会交往的上升期，教师更应当借助环境与材料对幼儿进行引导并为其创造条件。到了5~6岁的大班，幼儿的认知能力、智力水平、情感发展水平等更上一层，更加喜爱合作游戏了，对棋类游戏也更加感兴趣，因此，教师和课程组团队投放的材料应当在中班的基础上丰富更多的、复杂的合作性材料，达到引导幼儿更多地合作和解决问题的教育目的（图1-2-2~图1-2-4）。

托幼园所环境创设

　　在认知不同年龄阶段特征时，教师应当关注幼儿在一个阶段内表现出的共性，抓住要领和普遍的规律，才能更好地理解幼儿，掌握他们学习的方式方法和机制。熟读并理解《指南》中对五大领域及不同年龄阶段的行为准则的叙述是一个非常好的学习方式，只有理解幼儿在其年龄阶段需要什么，渴望什么，我们才能让这块"海绵"吸收更多有效的"精华"。但是要注意的一点是，幼儿的年龄阶段永远不是以岁数割裂来呈现的，认知发展水平也是螺旋式进步的，幼儿的年龄阶段有逐步递进的特点，甚至会出现反复性。

拓展延伸

　　幼儿园环境创设要基于幼儿的认知特点，不同年龄段幼儿身心发展特征不同，需要的支持性环境也不同。小班幼儿注意力容易分散，环境装饰不能太复杂，材料的选择上也不能选太细小的、过杂的物品，应采用大比例大块面的整体构图方式，满足小班幼儿整体感知事物的心理；中班幼儿自主性增强，在语言、想象、操作等方面有了明显发展，教师应给予幼儿参与环境规划、设计的机会；大班幼儿的专注力、思维能力和想象力有了更大的发展，要适当"留白"，以支持大班幼儿主动参与环境设计。

图 1-2-2　小班幼儿角色游戏

图 1-2-3　中班幼儿合作游戏　　　　　　　　图 1-2-4　大班幼儿探究游戏

（二）适宜幼儿的个性特征

除了解幼儿不同年龄阶段特征的共性以外，我们作为教育者也需要知道幼儿也有其独特的性格，正如"世界上没有两片相同的树叶"一样，幼儿的个性存在较大的差异，并且每个人的发展水平在不同领域都体现出了不同的特点，幼儿与幼儿之间的差异是十分明显的，例如身体发展方面，同样都是刚四岁的幼儿，在身高方面可能就会存在较大的差距。除了身体方面，幼儿的认知发展水平和社会性发展水平也呈现出很大的差异，例如有四岁的幼儿已经能非常流利地用语言表达自己的想法，而大部分幼儿还需要在老师不断启发引导的过程中，才能逐步进行完整的交流。这样的差异在班级内部比比皆是，幼儿在相似的年龄却呈现出如此巨大的发展差异，其中的因素是多样化的，除了刚才提到的个性特征以外，家庭环境、物质经济条件、家长的教养方式、性别、性格等都是重要的影响因素。

适宜幼儿个性特征的环境创设首先应遵循适应幼儿不同的性格特征的原则。心理学将人的气质类型分为四大类：胆汁质、多血质、黏液质和抑郁质，每种气质类型的幼儿的性格特征也不尽相同，例如班级内有的幼儿性格较为内向，教师可以在刚入园时为这类幼儿设置专门的私密性较强的区域并且保证环境的安静舒适，使这类幼儿有独处的空间和时间，不受打扰的独处可以使喜爱独处的幼儿感到安全和放松，在这类空间中自我学习和探索对他们而言是更好的机会，等幼儿逐渐适应后可以逐步调整。而对于性格较为外向的幼儿来说，冒险性和操作性较强的游戏、玩教具材便更合适。在环境创设中兼顾两种不同的幼儿，材料配制也兼顾不同幼儿的行为习惯与学习特点，才能够更好地照顾全体。

适宜幼儿个性特征的环境创设其次也要为不同性别和家庭背景的幼儿提供相适宜的材料。不同性别幼儿也存在一定的差异，比如男生更加喜爱冒险性较强的室外大型器材、沙、水、建构材料等，而女生则更喜爱室内较为安静的角色扮演区、手工美术区和桌面游戏等。所以在照顾不同性别时我们也要兼顾男女生的特征为其提供合适的材料和环境。不同家庭背景的幼儿在家庭环境中接受到的教养内容和方向是不同的，每个家族都有自己独特的环境与文化，有时与父母的工作相关联、有时与家族迁徙和发展相关联，例如在美术或音乐世家出生的幼儿，在潜移默化的影响熏陶中呈现出较为突出的能力。教师可以利用其他幼儿对于能力较为突出的幼儿的兴趣和学习模仿欲望在班级内布置"小小音乐厅""美术工作室"等生成性区角，使更多班级内的幼儿能够参与和被带动起来。

三、教育性原则

托幼园所的环境创设中要遵循的教育性原则是指在创设环境时要考虑环境的教育性，使环境创设的目标与托幼园所的教育目标相一致。让环境成为幼儿的"第三位老师"，让环境为我们的教育目标服务，成为除了教师以外的隐形推手，形成会说话的环境，让幼儿跟随托幼园所的环境学习、发展、进步。因此，贯彻教育性原则需要落实以下两个内容：

（一）物质环境的创设需要协助实现教育目标

教育目标可以根据时间和教育内容给的维度被分为学年目标、学期目标、月目标、周目标，以及主题目标和活动目标等，托幼园所的物质环境条件一定是为了教育目标服务的，教师和园所在设计或大或小的教育目标之后就需要在安全性和适宜性的基础上认真探寻和思考给予环境教育性的方式方法，以及如何设置才能够被幼儿所接纳，这些都需要建立在教师对幼儿的发展和学习方式有较多理解的基础上，因为教师需要更敏锐的观察才能够获得环境和幼儿之间的交流的反馈。环境的教育性不像集体教学活动来得直接和及时，它更像是一个缓慢、浸润、润物细无声的过程。在本板块下教师常见的实践误区是：园所及教师都非常重视园所的物质环境创设，但是更加重视外观和装饰美观度会导致虽然环境像一个"花园""庄园"一样美丽，但是其教育性有所缺失。这样的情况会对幼儿产生不利的影响，因此我们作为教师要有意识地规避此类误区，让环境更好地为教育服务。

（二）根据托幼园所教育目标对环境做系统规划

托幼园所的环境是多样化的，有户外活动场地、公共走廊、幼儿共享的环境如美工室、图书室、科发室、木工室等，还有班级内的环境。它们面向的群体也是不同的，例如，户外活动场地和公共走廊面向的是成人及所有年龄阶段的幼儿，幼儿共享的主题活动室是面向不同年龄段的幼儿，而教室又面向的是相应年龄班的幼儿，因此托幼园所的环境具有丰富性和多样性，如果不能进行系统的规划，会导致环境布置得不均匀不协调，对标教育目标会不全面不科学。因此，我们可以在教师和年级组进行学年、学期、月、周、日计划及每一个教学活动计划时，确定合理且科学的教育目标；并且在教育目标确定完成后利用现有的环境条件从中挖掘对教育目标实现有利的元素，再对标教育目标，补充新的环境元素，让环境与教育目标更加契合，并围绕着目标，统整除了班级以外的家庭与社区环境和资源，为教育所用。布置教育环境时应当注意其教育功效中的进阶性、补充性、互动性和探究性，多方面提供教育素材，让幼儿身心浸润。

例如，在《走进恐龙时代》主题活动中，师幼共同收集材料，合理创意施工，通过恐龙蛋、发现恐龙化石、小小考古学家的活动，开设了恐龙蛋宝宝、侏罗纪公园、恐龙挖掘现场以及绘制恐龙等区域游戏活动，深层次挖掘和获取恐龙的相关知识（图1-2-5）。

除此以外，在幼儿园不同年级组进行相似的主题时，可以在公共活动场所和区域设置符合不同年龄段的同一主题的材料，让教育活动的延伸活动能更好地展开，并能够锻炼幼儿的观察力和激发他们的探索欲。综上，托幼环境创设的教育性原则对于幼儿的发展来讲是必须遵循的重要原则。

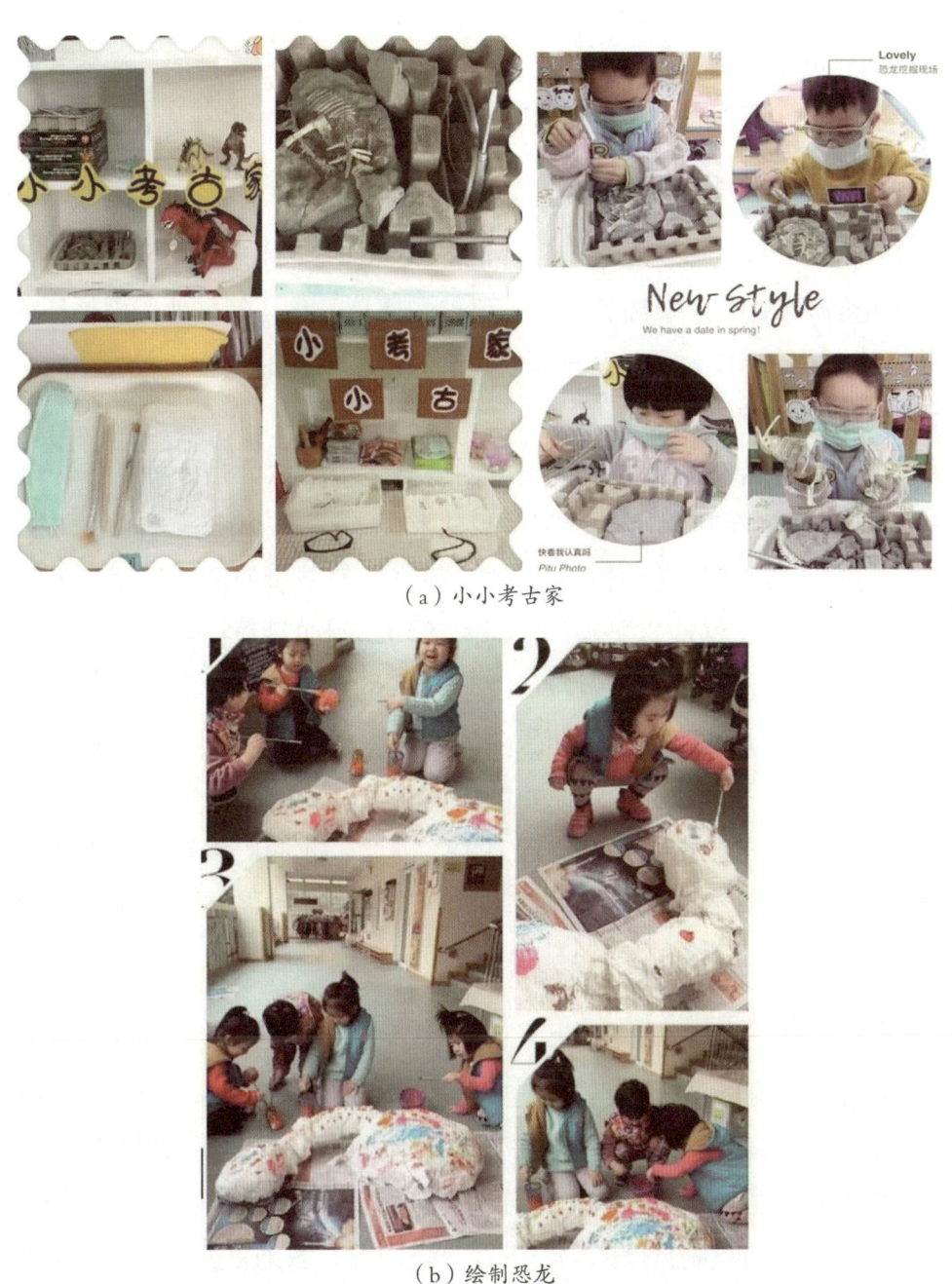

（a）小小考古家

（b）绘制恐龙

图 1-2-5 恐龙时代幼儿主题性区域游戏

四、自主性原则

托幼园所环境创设中自主性原则的自主指的是幼儿的自主。自主的广义含义就是不受别人支配，自己做主自我管理。同时，自主应当是在幼儿的活动中体现出来的，没有幼儿的自主活动便没有各方面的发展。幼儿的能力和个性发展的样式深受活动内容与活动方式的影响，幼儿的创造性也必须通过活动得以发展和表现，离开了自由自主的活动，幼儿的创造性也不复存在。在学前教育教学法中我们常常强调的"幼儿是学习的主体""幼儿是学习的主人"等观点便是与自主性原则相互呼应的。首先幼儿应当拥有自主的权利，有权决定自己的学习方式、活动步骤、使用材料和同伴等，其次幼儿应当被引导具备的态度是"我要学"而不是"要我学"，是一种主动的想要探索、发现和解决问题的态度，而不是被动的、灌输式的学习。教师在落实环境创设的自主性原则时应当注意以下几个方面：

（一）尊重幼儿的主体地位

幼儿是学习的主人，也是环境的主人，幼儿在环境中占主体地位，要保证幼儿的主动性、话语权和选择与改变环境的权利，因为幼儿不仅仅是环境的参与者，他们更是环境的主人，对环境有绝对的支配权和管理权。只有在环境创设中保证了幼儿的地位和权利才能引导他们产生自主性、能动性与创造性。

但是在传统幼儿园和传统观念之中，环境创设更多地被认为是一种任务、是一份属于教师的工作，教师在进行更新和创作时也穷尽想法和材料，花了较多的时间在物质环境创设上，制作手工、装饰、布置等让传统观念下的教师将托幼园所的环境创设一手"包办"。幼儿在其中最多是参与者，仅仅是"配合"教师做环创，例如只是将幼儿艺术活动的作品张贴在主题墙上。但是如此被创设出来的园所环境几乎只是站在教师的角度被设计的，并没有从幼儿的角度去出发生成幼儿真正感兴趣和想要的，古人云："知之者不如好之者，好之者不如乐之者。"兴趣对于学习有着神奇且原始的内驱作用，丢失掉兴趣的环境更无法与幼儿的教育性建立联系，便也无法激发幼儿的创造力了。因此，我们应当避开这类传统误区，将幼儿的主体地位放在第一位，在协助和提供物质材料的同时，确保幼儿主动选择和改变环境，做环境的主人。

（二）满足幼儿的需要以激发其学习的内部动机

环境创设的主体是幼儿，它代表着环境必须要满足幼儿的需要。动机理论提到，个体行为的自我调节程度会从无动机到外部动机最终到内部动机这一维度逐渐增加，当个体的外部动机逐渐内化，个体对自身的调节也会越来越自主，例如自己能够控制自身的行为、能够选择自己所想要的玩教具、调节与控制自己的学习进度等。因此，教师首先应当思考的是自己的语言和行为将在多大程度上影响幼儿的行为和动机，教师在一日生活和教学中其实更多应当放手让幼儿自主学习、解决问题、试错和探索。这里说的"放手"并非不参与不理会也不思考，而是在观察中更好地做好协助者、支持者和合作者的角色。

例如，班级的区域活动是在调查幼儿兴趣、关注点以及师幼共同谈论的前提下创设的，同时师幼共同收集区域材料，投放形式各样的开放性材料。区域活动时间，幼儿根据个人兴趣需要，自由选择，有的穿着自己设计的衣服走T台，有的参加假面舞会，还有的在玩照顾宝宝的游戏，幼儿在区域活动时间尽情游戏，尽情展现自我（图1-2-6）。

在幼儿进行自主学习时教师能够鼓励幼儿自己选择学习内容，建立学习自主性、让幼儿设置自己的短期学习目标，有意识地为幼儿提供合理的支持和选择机会，并营造一个宽松自由的心理环境帮助幼儿做环境的主人。幼儿并非在教中学，而是在听中学、做中学、玩中学和看中学。

（a） （b）

图1-2-6 幼儿区域自主游戏

五、动态性原则

动态性原则指的是托幼园所的环境是动态变化的，在内容、空间、材料和规则等方面不断地生成与改变。园所的环境无论是户外和走廊这样的共享空间，还是班级内部的环境如区角与主题墙面等，都会随着时间、幼儿年龄、教育主题、幼儿兴趣需求等多个方面产生变化，环境在托幼园所绝不是一成不变的，而是时常调整和变化的。托幼园所的环境创设动态性原则体现在园所环境创设必须要具备过程性、变化性与生成性这三个方面。

（一）托幼园所环境创设的过程性

幼儿教师在进行环境创设时不仅应当关注创设出的成果，更应当关注创设的过程。从结果

而言，教师对于环境创设的结果关注，指向着教师及团队对环境创设的美观度、外显的视觉效果等偏功利的价值更重视。然而这样的重视没有将幼儿与环境的关系、环境对于幼儿的教育性等内容建立起来，基本会造成教师对于环境的创设只停留在表面的现象。

关注环境创设的过程代表着环境创设的过程会拥有生成性内容，它的来源可能是教师也可能是幼儿，并且还包含了教师和幼儿在进行环境创设时的共同参与、互动等。在环境创设的过程中教师也同样是支持者和引导者，发现幼儿的探索需求和兴趣面以后将儿童感兴趣的内容逐步添加在环境之中，使幼儿不断地喜爱这样的环境，减少幼儿对于环境的疲劳。并且我们需要考虑，幼儿的年龄是变量，他们的身心发展特征、需求等会不断地变化和增加。因此，托幼园所的环境创设是永远在路上的，环境的创设工作不是制作和上交作品，也不会"定稿"，它更像是一副永远在被修缮和改进并被添加进新事物的画作，由幼儿与教师共同创造。

（二）托幼园所环境创设的变化性

上文说到托幼园所的环境创设是永远在进行中没有完成的，那么就体现到了动态性原则里的第二个特性：变化性。环境是跟随幼儿和教师变化的，有且不仅限于此，如时间和季节的更迭，节气和传统节日的交替，教学计划中的学期计划、月计划、周计划的推进，主题活动的设计和生产、幼儿的社会交往特征变化、幼儿年龄阶段的成长、幼儿合作水平的提高、幼儿兴趣热点的转移、社会重大事件的随机发生等，都是幼儿教师应当作为参考与幼儿一同对环境做出改变的根据点，需要不断调整、推陈出新，一切为了幼儿。

例如，幼儿的已有经验认知有三角形、正方形、圆形的图形及其特征，在新的教学活动中教师又引导幼儿学习了长方形、梯形、椭圆形，那么在区角的材料投放中，教师就应当更新操作材料的形状，加入新学习到的这三种图形。比如在分类、匹配、建构等操作材料中都可以加入它们，同时，在主题墙面和其他班级内的装饰中可以有意识地使用幼儿新学习到的图形并在自由活动时间引导幼儿多感官观察和区分，强化对图形的认知，引起幼儿对其他图形了解探索的兴趣。

除此以外，一年四季的时间维度的变化和更迭也为环境带来了新的元素与内容主题，比如春去夏至，班级内部的柳树、桃花、燕子等环创元素就不再被需要，取而代之的可能是西瓜、风扇、防暑降温物品等元素。教师在进行推陈出新的过程中往往出于对自己辛苦而得的劳动成果的珍视而选择将美观精致的装饰和作品保留，但是如果过长时间都不对环境进行调整和改变，幼儿便不再被环境所吸引，物品也失去了"第三位老师"的作用和教育意义了。

（三）托幼园所环境创设的生成性

托幼园所环境创设是一个动态生成的过程，幼儿的活动可以被环境所引导和启发，教师在选择环境创设内容主题时应当考虑幼儿的兴趣和关注方向，将幼儿喜欢的、感兴趣的变成教学活动的内容，变成环境创设的主题。托幼园所环境的变化，每一次的丰富、完善，甚至修建都应该是"儿童视角"下的产物。体察儿童的需要，和儿童共同讨论，才能创设出适合儿童发展的环境。教师应当在现有的环境中探寻幼儿的兴趣点，从幼儿的兴趣角度出发，师幼一同生成新的环境，让学前儿童在不断生成和更新的环境中获得积极的发展。

例如，在某幼儿园长廊的一边是一个半开放的区角，教师投放了各种纸：瓦楞纸、卡纸、餐巾纸、报纸、玻璃纸等，幼儿在这里感受不同类型纸的特性并和纸做游戏，幼儿称之为"纸王国"。为了激发幼儿探索的兴趣，教师在"纸王国"展示纸张可以玩的游戏，如"水中花""纸的大力士""纸巾扎染"等。在中班幼儿进入《绿色家园》主题后，幼儿讨论了爱护环境要从身边的小事做起，进而发现纸是可以循环再利用的。班级中用过的纸有的被幼儿放在美工区继续利用，有的作为再生纸的原材料投放在"纸王国"，渐渐地，"造纸游戏"引发了幼儿关注。教师随即投放了造纸流程图及石子、筛子、箩箩等工具，让幼儿在直接感知、实际操作、亲身体验中探究再生纸的制作过程，感受造纸的乐趣，激发自身保护环境的积极情感（图1-2-7和图1-2-8）。

本案例中幼儿通过与已有的环境互动产生对纸的兴趣，幼儿的已有经验在主题活动进行中又与纸材料产生了联系，教师在此时及时且合理地投放了更多的材料，这为幼儿接下来的探索、发现和操作游戏提供支持。环境中的材料是幼儿渴望与之互动的，但也是教师发现并提供的，因此师幼双方对于托幼园所环境的生成的协调关系已经可见，教师协助幼儿对环创的共同作用凸显了环境的生成性特征。

图1-2-7　半开放区角"纸王国"　　　　图1-2-8　造纸游戏

托幼园所环境创设

课后实训

1. 幼儿在与环境的互动中获得相应的经验，托幼园所环境创设的价值体现在多个方面，请简述托幼园所环境创设的意义并试着分析教师在环境创设中能起到的作用。

2. 托幼机构环境创设的原则有安全性原则、适宜性原则、教育性原则、自主性原则和动态性原则，请简述如何理解并践行托幼园所环境创设的原则。

单元二
托幼园所室外环境创设

《幼儿园教育指导纲要》总则中指出："幼儿园应为幼儿提供健康、丰富的生活环境。满足幼儿多方面发展的需要，使幼儿在快乐的童年生活中获得有益于身心发展的经验。"可见，环境是重要的教育资源。环境作为一种隐性课程，在开发幼儿智力、促进幼儿个性和谐发展等方面发挥着独特的作用。优质的托幼园所室外环境设计能促进儿童的运动技能、操作技能和社会技能的发展。因此，设计一个安全而富有趣味性的室外场所，为儿童提供游戏和活动空间是非常重要的。

学习目标

知识目标：了解托幼园所室外环境创设的要点和原则，理解室外环境创设的意义和方法、实施步骤和形式。

能力目标：掌握托幼园所室外环境不同区域布置的要求，并能够根据主题、儿童年龄特点等及时调整室外环境的创设。

情感态度价值观目标：初步形成对托幼园所室外环境创设的兴趣，在创设元素中融入自然因素，让环创"活"起来。

活动一　公共走廊环境创设

情景导入

　　托幼园所走廊环境是反映园所特色的一个重要方面，也是托幼园所环境的重要组成部分。托幼园所走廊环境的创设需要根据幼儿、教师、家长和社会的不同需求来进行，应当考虑幼儿的认知、社会、安全、园所环境的视觉效果以及园所文化的展现等方面。皮亚杰认为："儿童的思维是在与环境的相互作用中发展起来的。"走廊是幼儿日常学习、玩耍的重要场所，走廊吊饰的设计和幼儿的发展有密切的关系。因此，教师应充分发挥走廊吊饰从前期制作到后期效果的积极作用，结合幼儿发展特征和心理特征去用心设计与幼儿日常学习、玩耍相关的走廊吊饰，并且利用布置吊饰的机会，让孩子们积极参与其中，亲自动手创造，投身其中去感受吊饰主题所传达出来的意思。这样不仅有利于幼儿想象力的发挥、协调能力的培养，还有利于他们形成良好的性格品质，这对幼儿的健康成长起着不可代替的作用。

知识锦囊

一、公共走廊环境创设要点

1. 有利于维护幼儿健康，具有安全性

　　孩子们正处于天真活泼的成长阶段，爱动、精力充沛是他们的特性。走廊这个环境非常适合孩子们游玩嬉戏，所以一定要注意托幼园所走廊的安全性。如我们可以在设计标语的时候搭配孩子们喜欢的卡通图案，添加一些安全标志。再者，托幼园所走廊要做好安全设计，比如走廊护栏高度不宜低于1.2米，且要有防止攀爬的设计，并在转角处做防滑、磨圆处理，防止孩子们在奔跑过程中发生磕碰、受伤等危险情况。

2. 有利于增强走廊环境的趣味性

　　在创设托幼园所走廊的造型风格时，走廊的创设应当和园所整体创设保持一致，同时创设有趣的造型设计，以符合幼儿年龄特点，体现出托幼园所特有的童趣环境。这能够为刚刚走入陌生环境的孩子提供一个温馨有趣的庇护所，也可以满足他们喜欢探索的天性，如图2-1-1和图2-1-2所示。

单元二　托幼园所室外环境创设

图 2-1-1　明媚的走廊　　　　图 2-1-2　童趣环境

3. 有利于凸显走廊环境的互通性和联动性

托幼园所走廊空间串联园区各个区域，如图2-1-3所示，在托幼园所中，公共活动空间与走廊连接的形式较为常见，此举利于行动路线的流通，活跃整体空间。在托幼园所走廊设计中以促进儿童情感、态度、技能、运动等能力为主要目的，在走廊区角处设置游戏活动设施。

（a）　　　　　　　　　　　　（b）

图 2-1-3　空间与走廊的连接

二、走廊环境创设原则

1. 互动性原则

托幼园所走廊要能够满足孩子们学习和玩耍的需求，并能随时引导孩子们发现随处可见的美。走廊设计是为孩子服务的，所以造型和风格都要符合孩子的审美，给孩子留有参与活动的空间。在走廊设置几处木艺角、游戏角。留有这样的趣味空间，能带给幼儿不一样的感官体验。托幼园所环境属于幼儿，同时也可以让幼儿参与到建设当中，在走廊设置环境创造墙，让幼儿的喜好充满整个园所环境。墙面的展示区域能将幼儿对环境的美好想法付诸实践，能使幼儿感受到成功的喜悦和自豪（图2-1-4），让幼儿彻底融入环境当中。

图 2-1-4　幼儿与走廊的互动

23

2. 功能性原则

设计是为了让空间能被更加合理地利用。走廊应不仅有导视功能、收纳功能还应有娱乐功能，促进孩子的健康和发展，凸显园内气质文化，帮助家长和幼儿了解园所。在宽度允许的情况下，可以简单放置收纳柜、书柜等。

3. 共同参与原则

对教师来说，走廊是重要的教育天地，所以走廊环境设计应是幼儿与教师共同参与、合作，提高教师和幼儿的互动性，增强幼儿的自主性和动手表现能力的师幼共同探索活动的空间。

4. 审美性原则

走廊设计适宜用一些简单的纯色，过于丰富的色彩会让幼儿分散注意力，简单色彩的搭配则能让幼儿情绪稳定。对于走廊的色彩选择，建议使用能够让幼儿产生联想的颜色。当教师和幼儿沟通时，可以让幼儿融入对自然色彩的认知，从而加强感官体验。

拓展延伸

墙饰是班级环境中一个必不可少的重要部分，适宜小班幼儿的环境应该富有游戏性，既可变又可玩。小班幼儿动作发展比语言快，他们往往还没有说出想要干什么就已经用手拿起了需要的东西。根据这一年龄特点，我们在创设墙饰时就要考虑让墙饰"动"起来，只有这样才能吸引小班幼儿与之互动。首先在选材上，材料一定要坚固耐用，不能玩一玩就坏了，那样会使幼儿感到失望，下次他就不敢再去碰了。还有材料一定要安全，不能因为坚固就选择对幼儿有危害的材质。另外材料最好选择幼儿生活中常见的东西，这样不仅能让幼儿参与到收集材料的活动中，也能让他们感受到生活中一些废旧物的再利用，在潜移默化中就帮助幼儿理解了什么是创造。一般我们可以选择各种饮料瓶、包装盒、布、较安全的木头制品和绳类等材料进行制作。其次在制作上也有要求，小班幼儿能够做出的基本动作有拉、推、拨、捏、敲、搓、插等，因此在制作可活动的墙饰时就要满足他们完成这些动作的需要，想办法让上述材料可以动起来，使幼儿通过拉一拉、敲一敲等动作，就能改变物品原有的状态，静的变动的，动的变快的，要么形变要么速度变。只有在不断变化中才能激发起小班幼儿去操作、摆弄这些墙面玩具的兴趣。这样做不仅是为了吸引幼儿与墙面互动，更重要的是幼儿通过这样的操作、摆弄，可以获得肌肉发展以及手眼协调的配合能力，并能通过与材料的接触来感知光滑、粗糙、软、硬等触感，进而培养幼儿运用感官感知的能力，激发其探索的兴趣。

创设实施

一、照明、通风、安全标识环境创设

自然条件，如采光、湿度、温度等，在一定程度上影响着幼儿的行为方式、参与活动的效果以及学习的完成度。因此，教师在创设走廊环境时，也要充分考虑并重视照明和通风条件，如图2-1-5所示，同时更要注意为幼儿安全考虑。

具体措施：

（1）光源具有稳定性，不能有明暗交替或者是灯光闪烁等不稳定现象。

（2）光源以及灯具应结合墙面创设进行设计。

（3）光线应该明亮但不刺眼，创设能够满足需要的应急灯。

（4）做好灯光的照明亮度和照明方向的规划。

创设作用：

（1）开放的特点使其成为展现园所文化的平台。

（2）保证幼儿常规活动有序开展，同时满足其安全需要。

（3）增加区域之间的空气流动，保持室内空气流动，满足幼儿呼吸新鲜空气的需要（图2-1-6）。

案例展示（图2-1-5和图2-1-6）：

图2-1-5 照明和通风环境

图2-1-6 新鲜空气摄入

二、门厅环境创设

门厅环境是集中反映幼儿园园所文化的区域，通过营造的环境传递出园所的办园宗旨、教育理念、育人目标等，是幼儿园公共环境及其特色文化环境创设的一大重点。可依据主题、节庆、节日、季节等变化更改和丰富门厅的区域空间，让幼儿自然而然地参与，成为幼儿园的主人。

具体措施：

（1）门厅环境要有季节变化，让托幼园所充满绚丽的色彩。幼儿处于这样的环境中，时刻都能感受到四季的交替，认识四季变化的规律和特征。有生命、有灵气的环境是和谐优美和清新自然的。

（2）环境展示要凸显园所月主题，让幼儿主动参与其中。环境有时就像一个"会运动的生命体"，和幼儿的身心发展一样，它也会随幼儿的心智变化而改变。这就要求幼儿能与环境材料进行"对话"。因此，我们应努力创设不断与幼儿相互作用的物质环境，让幼儿名副其实地成为环境设计的主动者。

（3）门厅环境创设要体现社会动态，促进幼儿良好品质的发展。

（4）展示托幼园所文化底蕴，发挥与家长连接的桥梁作用。园所门厅是家长每天接送孩子时最先映入眼帘的事物，是其对园所的第一眼认识，它直接或间接地影响着家长对园所教育教学的评判。

创设作用：

（1）环境与年龄特点的有效整合。环境依托人而具有存在的意义，不同的人有不同的特点和需求，我们把环境和孩子身心发展特点有机整合起来，对不同的人创设不同的环境以适应其发展要求。

（2）环境实用性与欣赏性的有机整合。重视了环境欣赏功能与实用功能的结合，可以让环境既有美感，又能发挥实际的作用，从而变得更加生动和自然。

（3）给孩子适宜的刺激。人对外界物质世界的反应是通过刺激来完成的，不同的刺激给人不同的反应，强烈的刺激会引起人强烈的反应。适宜的刺激度能够引起孩子适度的注意，促使他去关注和探究这个刺激源。

（4）充分和孩子家长对话。幼儿是环境的主人，在每一次与环境的对话中，孩子们有了更为广阔的活动与表现机会。同时，幼儿又是家长和教师共同的焦点，有了幼儿这个主体，才有了家园之间的联系。

案例展示（图 2-1-7）：

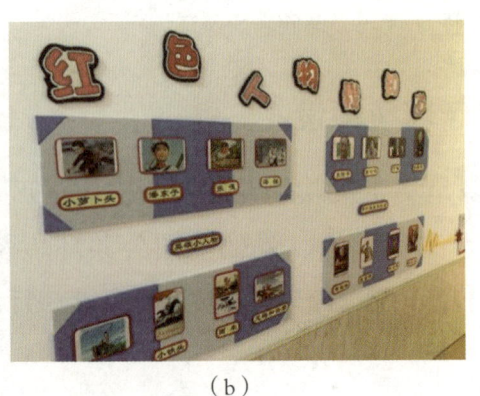

（a）　　　　　　　　　　　（b）

图 2-1-7　幼儿与环境的对话

三、走廊环境创设

走廊环境具有空间的优越性、公开性与共享性。在此展示幼儿的作品、活动的照片、动态的兴趣。因此在创设中需兼顾导视、收纳、通达、安全、娱乐、趣味和共同参与等功能。

具体措施：

（1）走廊不宜过窄，会导致拥挤；也不宜过宽，会降低空间利用率。

（2）走廊空间物品设置要有延续感和持续感，保证通透性。

（3）走廊内不应有壁柱，以防幼儿碰撞。所有尖角必须磨圆处理。

（4）温和地区的北向、寒冷和严寒地区走廊应加窗封闭。

（5）托幼园所走廊的装饰应宁静、雅致。色彩运用符合园所整体色调，统一规划，一般不超过两种颜色，多运用浅色系。

（6）幼儿出入的门厅和走廊不应设台阶。

（7）门厅、走廊、楼梯间宜做易清洗、不易污损的墙裙。

创设作用：

（1）为幼儿提供学习和交流的环境。幼儿在走廊游戏区相互交流，分享自己的游戏材料，在轻松愉悦的环境中成长。

（2）为幼儿提供存放物品的区域，培养幼儿整理收纳的能力，同时幼儿的社会交往能力在相互观察和模仿中也得到了一定程度的发展。

（3）宣扬园所文化，为幼儿提供浸染性的学习环境。

（4）提供安全逃生的通道，保障幼儿安全。

案例展示（图 2-1-8）：

（a）　　　　　　　　（b）

图 2-1-8　走廊的整体色调

走廊环境创设案例

四、楼梯间环境创设

楼梯是幼儿上上下下经过最多的地方，其要展示的是干净整洁和艺术审美的功能。楼梯间的环境不仅应具备提示和暗示的功能，如上下小脚丫贴纸在行进的环节中会发挥安全的教育功能；而且楼梯间粘贴形象的符号、贴近幼儿生活的美育创设，使幼儿的在园体验更为丰富，能为幼儿营造温馨、童趣的乐园。

具体措施：

（1）楼梯间应有直接的天然采光和自然通风。

（2）楼梯除设成人扶手外，应在梯段两侧设幼儿扶手，其高度宜为0.60 m，安全防护栏杆（栏板）的构造应采用不可攀登形式。

（3）供幼儿使用的楼梯踏步高度宜为0.13 m，宽度宜为0.26 m，内侧不应设有支撑。楼梯踏步面应采用防滑材料。

（4）幼儿使用的楼梯不应采用扇形、螺旋形踏步。地坪有高差时，应采用防滑坡道。

（5）为保证安全，外走廊的护栏应采用不便攀爬的设计（图2-1-9）。幼儿的自律性强，危险举动便会少。同时，简单的颜色以及作品会给人以宁静感，使幼儿情绪安定，从而减少不安全因素（图2-1-10）。

创设作用：

（1）呵护幼儿健康，保障幼儿在托幼园所的上下安全。

（2）提高幼儿肌肉和手部动作的发展水平，提升幼儿的平衡性和身体协调能力。

（3）塑造托幼园所景观的立体感，增强幼儿视觉体验感。

（4）装饰性的设计符合幼儿的审美特征，吸引幼儿的视觉关注，形成隐性教育，传递园所文化。

案例展示（图2-1-9和图2-1-10）：

图2-1-9　护栏　　　　　　　　图2-1-10　走廊墙壁装饰

楼梯间环境创设案例

单元二　托幼园所室外环境创设

课后实训

1. 幼儿园的教育性不仅蕴含在园所文化里，同时也体现在幼儿园环境创设的过程中。而幼儿园楼梯间是幼儿园物质环境的组成之一，也是教师和孩子们出入的必经通道，而科学、合理的幼儿园楼梯间设计，不但可以给孩子们提供美的刺激和艺术的熏陶，更有助于突出园所特点。请以小组为单位进行思考，楼梯间可以进行哪些创设？

2. 幼儿能看懂的标识应该是符合幼儿审美情趣的。请以小组为单位，设计兼具美观和实用的走廊安全标识。

活动二　户外场地环境创设

情景导入

户外沙池中，孩子们的游戏正在如火如荼地进行着，突然有小朋友跑过来说："老师您看，我挖出了一块宝石，里面看着像水晶一样，我们把它带回去吧！"孩子们的世界是奇妙的，孩子们的探索兴趣也是无穷的。《指南》中提出："要珍视游戏和生活的独特价值，创设丰富的教育环境。"根据蒙台梭利的教育理论，儿童的心灵具备吸收力，能够将外界的资源和自身的经历内化为心灵的一部分，因此教育者应当为儿童提供适宜的成长环境。其中，户外环境是儿童健康成长不可或缺的环境资源。儿童无论是身体的发育、兴趣的发展，还是健全个性的养成，都离不开童年时期与户外环境互动的经历。

知识锦囊

一、户外环境创设要点

1. 绿化、美化、儿童化、教育化、游戏化综合考虑

托幼园所户外环境设计规划要因地制宜，综合考虑各方面需要和要求。绿化、美化是托幼园所户外环境规划的基本要求，儿童化、教育化、游戏化是托幼园所环境最突出的特征，既让环境充满童趣，又在安全的前提下，满足幼儿各种游戏活动的需要，尽情挖掘现有空间条件，让幼儿尽情享受户外游戏的乐趣。

2. 有适合各年龄段幼儿需要和发展水平的活动空间

托幼园所户外环境设计要充分考虑不同年龄段幼儿的特点和需求，户外游戏场地设计以开

放性空间为主，如图2-2-1所示。也可以设计部分封闭或半封闭的空间，以利于幼儿的自由活动或交往活动。

3. 有适合四季游戏活动的空间设计

托幼园所户外环境设计规划一定要根据季节交替，并且要考虑户外游戏需要，如果有条件，还可以设计绿色长廊，栽种紫藤、茑萝、葡萄等藤蔓类植物，并架设秋千一类玩具，如图2-2-2所示；在沙池、水池、大型玩具旁栽种高大、枝叶茂密的乔木；提供山洞、小城堡、游戏小屋一类充满神秘感的设施。

4. 巧妙利用自然元素和空间

每个托幼园所户外空间各异、面积大小不一，在进行游戏环境规划时应该因地制宜，比如原来低洼的地方可以设计成小河、沟渠，并架设上晃悠悠的桥索；如果托幼园所户外空间太小，可以立体地利用空间，进行立体绿化等。

托幼园所户外环境设计要有自身的特点，这里不仅是幼儿学习的场所，同时也是幼儿自然发现和自由探索平台，为幼儿提供游戏、活动、锻炼、发现、探索、审美与休闲的一体活动环境。

图 2-2-1　开放性的户外游戏　　　　图 2-2-2　秋千

二、户外环境创设原则

1. 主体性原则

托幼园所的户外环境是为幼儿创造的。幼儿作为主体，托幼园所的户外环境就应该是幼儿熟悉和喜爱的、符合幼儿心理需要的、能满足幼儿活动需要的环境。让幼儿感到自己是环境的主人，并能主动融入户外环境布置中，在活动参与中获得知识，促进技能发展。

2. 适宜性原则

幼儿正处在身体、智力迅速发展及个性形成的重要时期，托幼园所户外环境创造应与幼儿身心发展的特点和需要相适应。针对幼儿的年龄、个性差异，要为不同年龄阶段的幼儿创造不同的环境。小班幼儿动手能力差，可在他们的教室外布置一些美观精致的艺术品，培养他们的审美观；大班幼儿动手动脑能力较强，可多布置些半成品，激发他们做"成品"的欲望，鼓励他们到户外实践，培养他们的思维能力、创造能力与操作能力。

3. 互动性原则

互动性原则强调环境创造与幼儿发展的互动关系。作为托幼园所环境的主体，幼儿应该成为户外环境创造的参与者。教师一味包办于幼儿无益，而应多听听幼儿的想法，与幼儿一起动手创造环境，增强他们的信心和动手能力。

4. 启发性原则

一个丰富的有启发性和支持性的环境能始终吸引幼儿，激发幼儿的构思、想象和创造，从而使幼儿成为环境的主人。从蒙台梭利的"有准备的环境"到当今提倡的"情境教学"，无不重视这一要素。由于理解能力的限制，幼儿往往缺乏对事物的综合分析和推理能力，因此，通过环境无声的熏陶及教师用具体实物配合启发性原则的教育，才能让幼儿形成某些观念。

5. 安全性原则

安全是我们进行户外环境创设的最基本原则。户外环境中的设施、设备首先应该是安全的，幼儿有了安全感，才会放心大胆地活动。除了保证设施、设备的安全性，在创设户外环境时，还要注意环境污染问题，注意保持个人和活动场所的整洁与卫生，提高幼儿的自我保护意识和能力，从而保证幼儿身心健康发展。

创设实施

一、沙水区环境创设

《指南》中指出，要重视幼儿游戏以及生活的价值，创设一个丰富的教育环境，以便让幼儿在亲身感知、实际操作中体验快乐，获得经验。沙水区的游戏以自由探索为主，可操作性强，利于幼儿通过使用铲子、沙漏、提桶、角色玩具等工具，促进身体协调能力的发展，提高精细动作以及社会交往能力。

具体措施：

（1）沙区和水区不宜相距太远，应彼此临近，将沙池放在靠近水龙头或水箱的地方，以方便取水。

（2）应在沙池底部设排水管道和滤网，以便于排水，防止沙土流失。阴雨天沙坑易积水，可盖顶棚，侧面设排水沟槽。

（3）为保证沙土的稳固和消毒，沙池位置宜选择在朝阳、背风之处，这样的环境也有利于幼儿沐浴阳光。

（4）沙池面积大小与办园规模相协调，深30 cm～50 cm，沙池可以设计成多种形状。考

虑儿童进出方便，沙池的边缘不宜太高。为了保证幼儿游戏安全，沙池坚硬的边缘要进行软化，例如用轮胎堆边或圆木包边等，如图2-2-3所示。

（5）幼儿游戏用的沙土宜选用安全细软、颗粒均匀的天然白沙，黄沙可做备选。

（6）为确保儿童的安全，玩水池水深不能超过30 cm，面积不宜超过50 m²。水要保持清洁，应定期过滤和更换。水池的外形以流线型为宜。

（7）沙水游戏区设在户外是最为理想的，但考虑到天气和园所场地的限制，也可以在室内建沙水区，方便幼儿游戏。

创设作用：

（1）通过塑造变化沙水的形态激发幼儿的好奇心和探究欲。兴趣是在认知活动中产生的一种情感表达，幼儿在沙水区中通过对沙水进行塑造，发现其形态的变化，好奇心和探究欲不断地被激发。

（2）通过运用游戏材料加强对空间、数量和图形的认知。沙水区的材料促使幼儿探索多个物体，开始留意到事物的形状特征，进行大小、多少等的对比、排序和分类。

（3）欣赏体验自然美和艺术美。沙水区活动是一种幼儿利用沙、水的潜力进行创造的建设性游戏，低结构的沙与水为幼儿提供无数种可能和无数个未知，幼儿在体验自然美和艺术美的时候其敏锐的观察力和审美力得到了培养。

（4）幼儿在沙水区活动中的探索表现可以提升想象表征能力。沙子不仅仅是幼儿探索、创作的自然材料，还可以为幼儿提供参与建设性和象征性游戏的机会，几乎所有幼儿都被观察到主动在沙水区建筑城堡、修理道路、烘烤蛋糕以及埋藏玩具，所以说幼儿在与沙水的互动中提升了其艺术审美与思维创造等能力。

（5）萌发规则意识和集体意识。幼儿的社会性适应能力是儿童在社会环境下成长起来的应对态度。其在沙水区中的自由行为随处可见，有些需要多人合作完成，从而有助于幼儿合作行为的发生。

案例展示（图2-2-3）：

(a)　　　　　　　　　　　　(b)

图 2-2-3　沙池的设计

二、种植区、养殖区环境创设

教师通常会在班级门口或者走廊创设一个自然角。自然角包括静态的种植区,也包括动态的养殖区。其是教师和幼儿共同创设用来引导幼儿认识自然、融入自然、探究自然的有效场所。因此,自然区角环境为幼儿提供了探索、观察的条件,会让幼儿的生态教育更有意义。

具体措施:

(1)合理、科学地布局种植园地和选择种植内容。提供种植活动的工具材料,掌握简单的种植技能。

(2)幼儿实践种植活动,教师适时进行指导。

(3)重视个人经验,利用观察记录本记录植物生长发育过程。教师与幼儿一起搜集发生的证据,探讨发生的过程,促进幼儿个性化学习经验的连续和整合。

(4)创设回顾环境,利用活动展板回顾种植活动。在活动开展期间及时记录,帮助幼儿及时回顾活动内容。

(5)利用信息技术(图片、视频)记录活动。由于展板篇幅有限,许多生动、有趣的活动片段无法直接展现出来,教师利用现代信息技术加以记录,促进幼儿经验的更新与重组。

创设作用:

(1)有利于提升幼儿的认知经验,主要包括对植物的认知和生态认知两方面。幼儿在种植区活动中能够认识各种植物的名称、类目,了解植物的生长环境和生长过程,理解植物生长与周围环境之间的关系,获得初步的科学经验。

(2)有利于提升幼儿的技能水平,主要包括观察能力、劳动能力、问题解决能力、实验与制作能力、合作与交流能力、艺术创造与表现能力等。

(3)有利于增加幼儿的情感态度经验,主要包括惊奇感、劳动情感、自然情感、成就感与自信心。幼儿在感受植物成长的过程中,与植物建立紧密的联系,逐渐萌发热爱自然的情感。

(4)促使幼儿更关注科学探究的过程和事物的变化,培养幼儿求实、严谨、有条理、细致的科学态度。

案例展示(图2-2-4):

(a)　　　　　　　　　(b)

图 2-2-4　养殖区环境的创设

三、骑行区环境创设

骑行区是幼儿十分喜爱的游戏场地，每当进行户外自选活动时，骑行区的选择率都遥遥领先。幼儿喜欢载人兜风、结对追赶、接龙拼车，有时也会要求自行设计骑行障碍，提升游戏难度。这种像风一样自由的感觉，令幼儿心驰神往。由此可以看出幼儿对骑行的兴趣，那么如何创设骑行区的环境以保证幼儿安全、自由地骑行，是教师需要思考的问题。

具体措施：

1.引进丰富的骑行工具，带领幼儿感知乐趣

目前很多托幼园所引进的骑行工具都比较单一，大多是简单的三轮自行车，这很容易使幼儿在学习操作了一段时间之后，就会对这种骑行工具不感兴趣。为了改善这一现象，托幼园所应该多引入一些种类丰富的骑行工具，包括载人的三轮车、载货的三轮车、普通两轮的自行车等多种不同类型的车，让幼儿根据自己的能力、爱好等选择相应的骑行工具，为后期设计安排各类活动做好充分的准备。

2.保证安全行车，创建稳定用车环境

在托幼园所户外骑行区创设的过程中，如果不能提前布置好场地，就容易出现各种纠纷，重则会出现受伤等现象。针对这一问题，托幼园所户外骑行区的创设必须要以安全为原则，对整体环境进行综合性的考量。另外，为了让幼儿能够更好地开展游戏，还需要与幼儿共同商讨制定户外活动的"交通规则"，并设计一些简单的交通标示，将其放在适当处。创造一个更为有序的用车环境，保证每一个孩子的安全。

3.综合游戏活动因素，优化户外区域细节

在托幼园所户外骑行区创设的过程中，必须要考虑到后期活动的开设需求。例如，为了增加骑行活动的生动性与趣味性，教师可能会开设一些具有竞争性的活动，这就需要提前布置好骑行的车道，并且安排好通行门、隧道等辅助器械，如图2-2-5所示。另外，为了保证骑行活动开展在难度上的递增性，托幼园所还需要考虑到弯道的设置情况及创设交通警察角色等情节，为户外骑行区增添更多有趣的元素，使得区域的细节得到进一步的优化。

创设作用：

（1）增加幼儿认知经验，让幼儿学到相关的交通知识，角色之间的互动可培养幼儿的交往能力和合作意识，让幼儿学会自我管理，成为区域的主人（图2-2-6）。

（2）幼儿能够独立、自主地进行游戏，并且愿意承担力所能及的任务。

（3）提高幼儿的主体意识，其中，中、大班幼儿在游戏中会表现出来责任感，他们会主动帮助小班幼儿摆放纸筒，提醒小伙伴注意安全。

（4）调动幼儿参与户外活动的兴趣，实现对幼儿腿部肌肉、身体平衡性等多个方面的提升与调动。

单元二　托幼园所室外环境创设

案例展示（图 2-2-5 和图 2-2-6）：

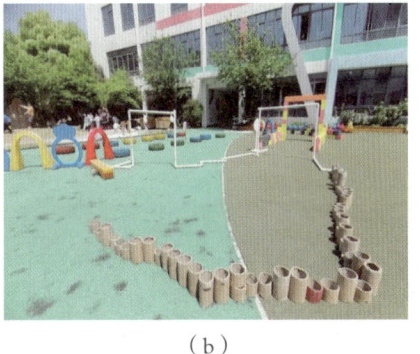

（a）　　　　　　　　　　（b）

图 2-2-5　提前设置好的骑行车道

（a）　　　　　　　　　　（b）

图 2-2-6　交通知识的掌握

四、综合区环境创设

室外的综合运动环境需要挖掘资源、因地制宜、就地取材，可结合地形和场地的优势打造出符合园所特色的主题活动。在综合环境中，有五彩斑斓的大型操场，灵动活泼；红色的赛道上，预备着一场场的比赛；不规则的卡通展台上，有随风飘扬着的鲜艳五星红旗；绿色植被点缀着幼儿们的运动空间。好的综合区环境不仅能够提升幼儿园的品牌形象，能够推动、引发、生成新的课程内容，而且能够让幼儿在其中放松身心、滋养心灵，获得自由愉悦的情感体验，陪伴着他们成长。

具体措施：

（1）重视幼儿心理环境的营造，调动幼儿主动参与的积极性。托幼园所的户外环境创设是以幼儿为主体的，要真正让幼儿参与其中，充分给予幼儿作为托幼园所户外环境主人翁地位的权利。将幼儿的想法融入户外环境创设中，让幼儿能亲自投入户外环境创设的进程之中，而不是教师全权包办。

（2）因地制宜，重视环境的生成与整合。需要学前教育工作者注意托幼园所户外环境的教育价值，明确环境创设的教育目的，以促进幼儿全方位发展的角度进行户外环境的创设。

（3）重视材料分类与指导差异化。要针对不同年龄段的幼儿投放不同的材料，最大限度激发幼儿与环境互动的积极性与热情。针对不同发展水平的幼儿，托幼园所教师要做到关注幼儿的个体差异性，因材施教。

创设作用：

（1）托幼园所户外环境的空间布局与材料的种类、数量、层次性都会对幼儿的游戏行为造成影响，在一定程度上影响他们的游戏体验和对周围环境的感知与认识，好的户外环境能促进幼儿智力的发育和身心的健康发展。

（2）有质量的户外场地与适宜的材料不仅有利于儿童锻炼身体，促进幼儿的身心健康、机体发展，还能满足幼儿的好奇心与探索热情，培养幼儿的集体意识与社会合作能力。

（3）幼儿通过对室外环境的亲身体验与操作，在较复杂的感知活动中不断地对环境的形状、远近、大小、方位、颜色等空间特性形成认知，促进了幼儿听觉、视觉、嗅觉、触觉的相互联系。

（4）在与户外环境的交互作用中，能够激发幼儿的创造潜能，参与到环境的创设中，进一步使幼儿的创造性得到最大限度的发挥。

案例展示（图2-2-7）：

(a)　　　　　　　　　　　　　(b)

图2-2-7　户外环境的种类

课后实训

1. 当前幼儿园户外环境中存在很多空间浪费问题，请以小组为单位进行讨论，结合你到访过的幼儿园的户外创设情况，谈谈如何减少托幼园所户外环境中存在的空间浪费问题？

2. 幼儿是环境创设的主体，他们的思考和探索能够为环境增添活力。请和你的小伙伴一起谈论思考，如何体现户外环境创设与幼儿的互动性？

单元三　托幼园所室内环境创设

《幼儿园教育指导纲要》指出："环境是重要的教育资源，应通过环境的创设和利用，有效地促进幼儿的发展。"班级环境创设不仅是影响幼儿发展的客观条件，更是激发幼儿积极参与互动性的必要条件。其所包含的不仅是客观存在的显性物质，如墙面、卫生间布局等环境，更是指隐蔽性环境所蕴含的主题思想、教师态度、教师专业素质等影响幼儿成长的综合性因素。其目的是让幼儿在宽松和谐的环境中获得自身各方面的协调发展。环境创设是课程得以实施的资源保障，也是协助教师了解幼儿信息的窗口，彰显着教师的专业水平和专业能力。

学习目标

知识目标：了解托幼园所室内环境创设的要点和原则，理解室内环境创设的意义和方法、实施步骤和形式。

能力目标：掌握托幼园所室内环境不同区域布置的要求，并能够根据主题、儿童特点等及时调整室内环境的创设。

情感态度价值观目标：初步形成对托幼园所室内环境创设的兴趣，在创设元素中融入中华优秀传统文化，让环创"活"起来。

托幼园所环境创设

活动一　班级生活区环境创设

情景导入

幼儿期的孩子们好奇心强，什么都想看一看、摸一摸，然而由于他们缺少生活经验和常识，不能很好地把握什么事情能做，什么事情不能做。遇到突发事件时不知如何处理，缺少积极的自我保护能力和技巧，因而在日常生活中常发生一些意外情况，比如"他在洗手的时候挤我了""他把水洒到我身上了"。也常常会问："老师，为什么我不能去那边上厕所？""我找不到我的毛巾和水杯了"……那么，怎么对他们进行生活常规的教育呢？如何让幼儿在无形中培养出良好的生活习惯呢？生活区的环境创设如何能达到良好的效果，帮助老师解决一些实际问题呢？

知识锦囊

一、生活区环境创设要点

1. 利于保护和培养幼儿的愉悦情绪和身心健康

生活环境是儿童基本生存权利的直接体现。如幼儿在园午餐时，基本会配备一荤一素，午睡起来有水果、酸奶、糕点，这些食物保证了幼儿每日所需的维生素和膳食纤维的摄入；幼儿所饮用的水是经过安全标准检验的桶装矿泉水，或是烧开晾凉的水，能保证幼儿的饮水安全。从看得到和看不到的生活环境中，保证幼儿的身体健康不受侵害。

2. 利于支持幼儿在园一日生活的各种活动环节

幼儿园的各类活动、各种环境设施和布局都不是零散、毫无章法的，而是一个统一的整合体。盥洗、如厕、进餐、喝水、午睡等生活环节都是在一定的环境中进行的，若合理利用会达到事半功倍的效果。

借助环境的指示作用，融合教师的语言和非语言，将生活教育这些零碎且又细小、一段时间内无法考虑全面的方面做指示与引导，可极大地扩大教育的效果。

3. 利于幼儿主动探究，深入学习

幼儿在内心深处都有主动学习、自主探究的欲望，这种欲望需要在一个能充分得到认同的环境中才能充分显现。这个环境是幼儿能够获得自信和自我控制能力的，是能够主动探索、思考的，学习合理方法的环境。生活环境和其他环境相辅相成，相得益彰，生活环境也是能够配合和支持其他各类活动，进而激发幼儿参与教育教学活动的积极性，保证班级的教学成效。例如：在进行消防演练主题活动时，可将盥洗室作为主要阵地，对盥洗室进行适当布置，粘贴取水示意图示意幼儿如何浸湿毛巾捂住口鼻，绘制逃生通道等。

生活即教育，温馨放松的生活环境有利于将幼儿从脱离家庭的焦虑中解放出来，毕竟幼儿更了解的是自己的居住地环境，若幼儿园的生活环境能够将他们与家庭联系，则能够让幼儿更加轻松和惬意，从而减少幼儿的适应性困难的情况。

二、生活区环境创设原则

1. 以幼儿为本

班级在创设生活环境时，要充分做到以幼儿为本，让幼儿做环境的主人。

例如，在进餐环节中，小班幼儿进食速度慢，挑食、玩弄食物，易被外界的声音、人物所吸引，教师若在此时催促、大声呵斥幼儿，会造成幼儿的紧张心理，影响幼儿胃肠道的消化和吸收，更有的幼儿不咀嚼直接下咽，会产生反胃呕吐或是害怕进餐的现象，这样的进餐环境对幼儿身心造成了极大的伤害。正因为幼儿的生活自理能力是循序渐进的，这就需要教师和幼儿共同营造出一个温馨有爱的环境，让满满的爱充盈在幼儿身边，及时有效地鼓励和支持，让幼儿敢于尝试，勇于探索，积极发展。

2. 符合幼儿现实需要并指向幼儿未来发展

在生活环境的创设过程中，教师要根据幼儿的生理和心理特点来创设与之相适应的环境，儿童的认知与成人的认知水平大相径庭，因而成人化的环境并不适合幼儿。良好的生活环境能够让幼儿产生一种学习和发展的动力，并在持续的互动中不断获得进步。

例如，提供一些幼儿使用的小拖把，当幼儿有需要时，教师可坦然面对卫生间的洒水事故，让幼儿自行解决，承担自己的责任；班级盥洗室常规的制度可以采用师生讨论、教师语言指导、幼儿动手操作的方式，以图示的方式布置到洗手台的墙面上，让幼儿在每次洗手时都能认同自己的创作，将生活常规内化于心。

3. 注重每个环节的秩序性

秩序感与安全感相辅相成，熟悉的环境会给幼儿带来安全感。如果幼儿一直生活在一个有条不紊、整洁有序的生活环境中，会帮助幼儿形成对整洁的认知；反之，一直生活在杂乱无章的环境中，就很容易变成做事毫无头绪之人。

例如，杯子就该放在杯架上，而不是操作间或是地上；午睡完被子应叠放整齐，而不是随意揉搓；在如厕盥洗时，不应是全部幼儿蜂拥而进，在狭小的卫生间内排队拥挤，而是应根据便池和水龙头数量，安排相对应的幼儿人数，其余幼儿在门口整齐排队，当出来

一名幼儿时，再随之进去一名，如此做法极大地保证了幼儿的安全，如图3-1-1所示。

图 3-1-1　环境悬挂竖排脚印暗示排队

4. 环境创设的通俗易懂性

幼儿的理解能力和理解方式与成人不一样，教师在创设环境过程中不能以自身的角度来揣摩幼儿，而应从幼儿的认知水平和认知能力出发，引导幼儿进行正确的操作。在生活环境中，指示牌、洗手步骤、喝水要领以图画的方式呈现，如图3-1-2所示。字体、标题等应富有童趣，裁剪以圆弧形式呈现，会感觉随意而不刻板，潇洒而不呆滞。

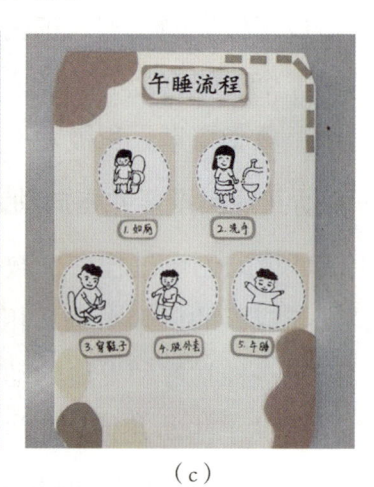

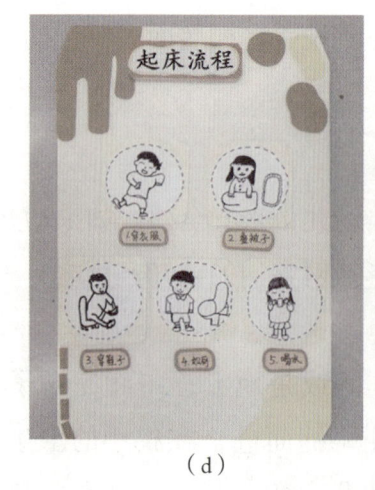

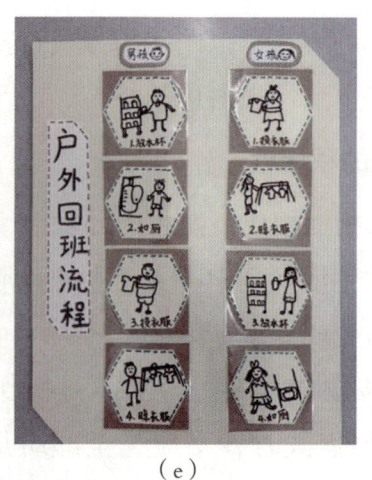

（a）　　　　　　　　（b）　　　　　　　　（c）

（d）　　　　　　　　（e）

图 3-1-2　指示图示

（f） （g）

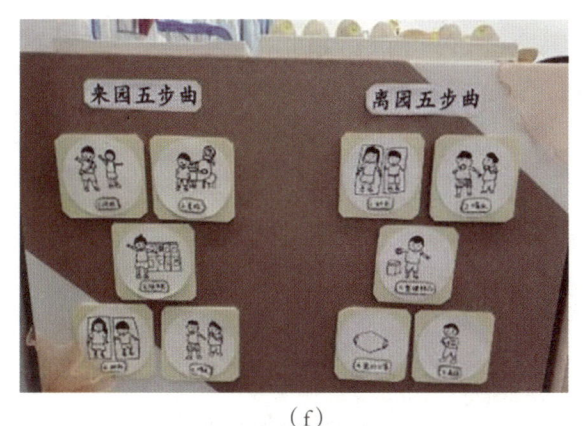

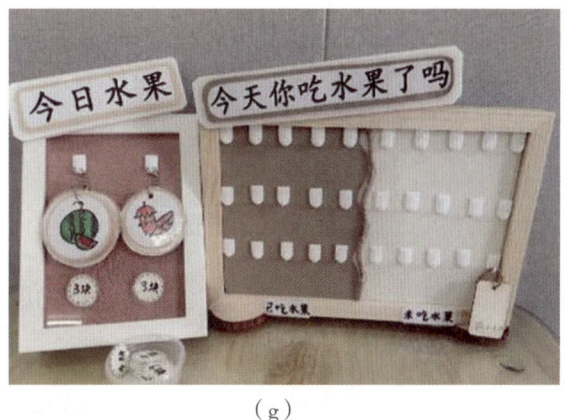

图 3-1-2　指示图示（续）

创设实施

一、照明和通风环境创设

幼儿园阶段的小朋友年龄在3～6岁，4岁前的视力水平为0.6～0.8，4岁后可以达到0.8～1.0，5岁才能达到1.0，接近成人视力。有研究表明，光源的高度与紧张感成正比，即光源越高，紧张感越强；光源越低，越令人感到松弛。并且自然条件在一定程度上影响着幼儿的行为方式以及参与活动的效果，因此，教师在创设生活环境时，要充分考虑并重视照明和通风条件。

具体措施：

（1）提供光线充足的生活环境。

（2）增强人工照明的方式，一是可以更换亮度较高的灯泡，如在有条件的情况下可以更换能够换挡的采光设施，为班级其他活动的开展提供良好的照明环境；二是利用墙面背景，选取可吸光的墙纸，通过增强对自然光的反射和吸收，来调节室内照明。

（3）可结合利用人工照明设施和自然光线，如阅读区需要安排在自然光的范围之内，而睡眠区则可以设置在人工照明可控制范围内。

（4）教室墙面都会配备温度和湿度控制器，教师可通过控制器合理把控温度和湿度，将温度控制在20℃～30℃，湿度控制在50%～60%。保育老师掌握好每日通风换气的时间和频次，加强室内空气对流，维护幼儿的健康。

创设作用：

（1）可以让幼儿精神放松，且能够激发其主动地参与各种活动。

（2）良好的通风环境一方面有助于更换室内空气，加快空气流动，带走病毒和细菌，降低传染风险，另一方面有助于控制班级环境的温度和湿度。温度过高、湿度过低或是温度过低、湿度过高都会影响幼儿参与合作、技能的发展，不利于幼儿的健康。

案例展示（图 3-1-3 和图 3-1-4）：

（a） （b）

图 3-1-3 照明创设

（a） （b）

图 3-1-4 照明通风创设

二、卫生间如厕环境创设

卫生间是幼儿一日生活中频繁出入的地点，尤其是对低年龄段的幼儿来说，有的不敢表达去卫生间的需求，教师应在每个活动的过渡环节中都要求幼儿如厕、盥洗，因而保持良好、安全的卫生间环境至关重要。

1. 盥洗环境

经常洗手、会洗手是保持良好个人卫生的先决条件，幼儿在园一日生活中，一日三餐前、活动后都需要及时洗手，这不仅是保障幼儿个人卫生、维护健康的重要方面，还是培养良好卫生习惯的重要途径。

具体措施：

（1）幼儿的洗手池台面高度设置须符合幼儿的身高特征，水龙头的高矮、位置适合幼儿的手臂长度。

（2）后期须设置感应水龙头、可拉伸水龙头。

（3）提供齐全的洗手设备，如放置适合幼儿手掌大小的肥皂、稀释后的洗手液，在洗手台旁搁置毛巾架，每个幼儿的毛巾上绣有名字，有专属的挂钩，方便幼儿取拿。其中毛巾和挂钩、毛巾架和洗手池的距离恰当，避免拥挤带来的磕碰。

（4）粘贴与幼儿身高对应的小镜子。

（5）在洗手池墙面上粘贴7步洗手法图解，引导提醒幼儿正确洗手。

（6）每个水龙头前所对应的地面上可按距离粘贴小脚印，要求幼儿每次盥洗时站在小脚印上，不可越线插队，培养秩序感。

创设作用：

（1）一个良好的盥洗环境，是潜在的可以促进幼儿及时洗手的动力，帮助幼儿养成洗手的习惯，如图3-1-5所示。

（2）幼儿在洗手时，通过镜子也可对自己的仪容仪表进行整理，例如饭后有饭渍粘在脸上，可以及时清洗，如图3-1-6所示。

图 3-1-5　盥洗环境　　　　　　　　　图 3-1-6　小镜子

（3）男孩小便池前的小脚丫能够提示幼儿正确的站位，细微之处见真章，体现的是利用随处可见的环境培养幼儿良好生活习惯的理念。

案例展示（图3-1-7）：

（a）　　　　　　　　　　　　（b）

图 3-1-7　幼儿盥洗环境

（c）

图 3-1-7　幼儿盥洗环境（续）

2. 如厕环境

幼儿如厕能力可以反映自我服务能力，也有利于幼儿情感、独立性和克服困难等品质的培养。

具体措施：

（1）卫生间男女便池分开。在符合幼儿身高的对应位置粘贴醒目的男女标识，如图3-1-8所示。

（2）区别男女厕隔挡的颜色，如男宝宝边隔挡可用蓝色，女宝宝边隔挡可用粉色，同时注意隔挡的安全性，尖锐的边角注意用海绵垫包边设计，隔挡的高度应与幼儿身高相符，可以让年龄小的幼儿扶立。

（3）卫生间地面采用防滑地板。墙面环境采用马赛克砖，上方和天花板采用暖色调的壁纸颜色，如蓝色、粉色，增加了环境的创意感，让整个空间显得明亮而美观，也让幼儿觉得如厕也是一件赏心悦目的事情。

图 3-1-8　男女分厕

（4）及时清理卫生间环境，保持室内良好的通风。

（5）卫生间，专用清洁工具存放到位。区分室内拖把、室外拖把、卫生间拖把，将其悬挂晾干，在拖把和挂钩处均粘贴对应的名字，用途清晰；消毒工具和物品有专门的存放空间，且放置于幼儿接触不到的地方，在醒目处粘贴"禁止幼儿触摸"标识，保育教师专门收纳，放置在操作间，整齐规划，便于取用和存放。

单元三　托幼园所室内环境创设

创设作用：

（1）为男宝宝设计2~3个小便池坑位，更好地帮助幼儿建立性别意识，如图3-1-9所示。教师厕所采用全封闭的设计形式，达到体现私密性的目的。

（2）防滑地砖可在一定程度上减少事故的发生，保证环境的安全。在小便池前可加铺防滑地垫，达到双重保护的效果。

（3）卫生间的窗户一般设置在较高的位置，一方面是对私密性保护的需要，另一方面可防止幼儿推拉，避免安全问题的发生。窗户是通风散味的必要辅助设施，且能够使卫生间接受到阳光直射，达到利用日光消毒的效果，同时也可保证室内的采光。

（4）卫生清洁工具摆放到位，在提升美感、安全感、卫生性的同时，提高了保育教师的工作效率，也体现出了教师处处对环境的重视、对幼儿健康的关心，如图3-1-10所示。

图3-1-9　男女厕所

图3-1-10　卫生清洁工具摆放

案例展示（图3-1-11~图3-1-14）：

图3-1-11　洗手台高度

图3-1-12　感应水龙头

45

图 3-1-13　七步洗手法　　　　　　　　　图 3-1-14　如厕环境

拓展延伸

如果是教幼儿比如学习洗手方法的实践技能，一般来说给予直接指导、引导幼儿相互模仿和反复练习是有效的，或者让幼儿阅读和理解"七步洗手法"示意图。但是若要在实际生活中自觉运用已经学会的洗手技能，就必须加强练习。如设法建立幼儿的动力定型，即一到某个情境中就会自动执行某个程序（如大便完后要洗手）。要据此实现，就要在类似情境中反复正强化，可利用显微镜观察手上的细菌，并长期一致地坚持（幼儿园家庭要求一致），以及对幼儿积极行为的及时肯定和强化。也可利用幼儿好模仿的心理，教师发挥带领和示范作用。如教师每次在如厕、户外、饮水和餐前等，都能在幼儿面前自然地表现出对洗手的需要并亲自演示过程。

三、进餐环境创设

幼儿园的进餐活动中包含了早餐、午餐、午点、晚餐以及一日生活中的饮水环节。绝大多数幼儿园的进餐空间即为集体活动的空间，桌子是一物多用的，在进餐环境中，需要注意创设的要点有：

具体措施：

（1）在进餐前，保育老师需用84消毒液擦拭桌面一遍，再用清水擦拭第二遍。

（2）合理安排进餐时间。多数幼儿园设置三餐两点，那么两餐的间隔时间应不少于3.5小时。

（3）创设愉快的进餐环境。教师可建议厨房制作一些富有童趣、新异的吃食，如冰墩墩馒头、小熊面包、香肠卷等；在进餐环节中播放一些舒缓的音乐，营造和谐、安静的就餐氛围；根据不同年龄段布置进餐环境中的墙面，如绘制"光盘行动"板报，通过墙面环境视觉影响幼儿的行为。

创设作用：

（1）保证进餐环境的干净和卫生，可避免细菌滋生。

（2）环境的温馨和吃食的新颖味美，改变的是食物的形状，不变的是食物的营养，利于幼儿愉快进餐。

（3）把控一日的喝水量。对于不同年龄段的幼儿，可分别采用不同的方法：小班幼儿拿杯子坐到座位上，等着教师挨个倒，或是设置专门的喝水区，教师倒好，安排每三个人一组依次喝水；教师将水分装到分水器里，中大班幼儿去喝水区自行倒水。

案例展示（图 3-1-15 和图 3-1-16）：

（a） （b） （c）

图 3-1-15 进餐规则提醒

（a） （b） （c）

图 3-1-16 幼儿喝水环境

四、午休环境创设

在园午睡一般从12点开始，2点结束，保证至少2小时的午睡时间，那么，对于午睡环境的创设，要注意：

具体措施：

（1）消毒午休场所。尤其是地台上，在整理完被褥后，地台上会遗留毛发、皮屑等，保育教师需要及时清扫。

（2）环境布置适宜休息。睡眠环境一般采用浅色系布置，窗帘应具有遮光性，睡眠区附近不摆放、设置操作玩具等，防止幼儿注意力分散，墙面环境干净简单，带给幼儿如家一般的温馨和宁静。

（3）家园协助，每月至少一次带被褥回家，进行清理晾晒。

创设作用：

午休是幼儿园一日活动中非常重要的环节，从医学角度来说，睡眠时呼吸变得深长，心跳变慢，身体得到放松；从幼儿自身来讲，睡眠是影响幼儿新陈代谢、身体健康、生长发育和学习效率的重要因素。

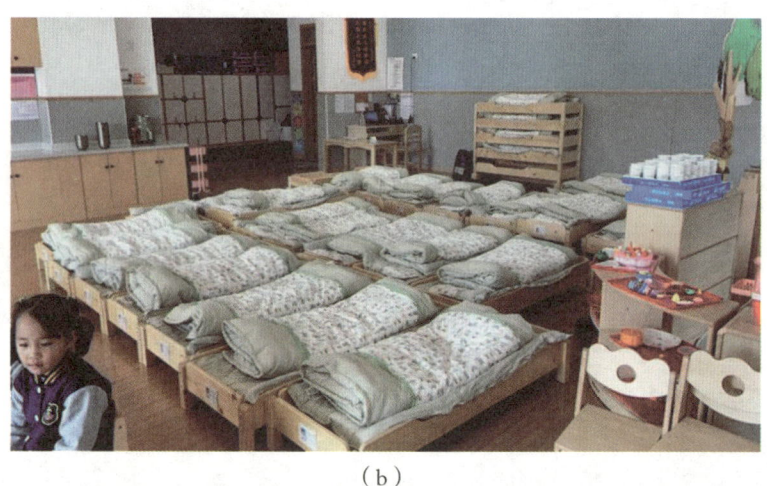

案例展示（图3-1-17）：

（a） （b）

图 3-1-17 幼儿午休环境

课后实训

1.在盥洗室如何根据幼儿盥洗活动相关的需求来设计和调整环境，应作为生活环境创设的重点。盥洗室的面积一般都不大，如何在有限的空间内尽可能地满足幼儿盥洗活动的需要呢？以小组为单位，选择一张盥洗室的整体照片，分析图片中环境布局的意图，并设计提问。

2.以小组为单位，从本单元所提供的的图片材料中任选一个，说明在生活环境创设中，如何针对不同幼儿做事的节奏和速度来给予部分幼儿适当的提醒和关心，并在教研中交流心得体验。

活动二　班级门廊墙面环境创设

情景导入

"老师,老师,我们门口墙面的小鸭子我好喜欢,它像妈妈给我买的那个小鸭子。""老师,你觉得我们门口墙面我刚涂的绿色好看吗?""老师,您分享的家教文章太适合我们这些处于幼小衔接年龄段的家长了,刚升大班,我很焦虑,不知道要怎么办,怎样才能更好地帮助孩子做好衔接,感谢您及时提供的文章。"……教室门口的墙面环境以及墙面内容总能引起孩子和家长的共同关注,孩子的兴趣点在于墙面的内容是否有趣,是否值得他们探索和创作。而家长关注更多的是如何使孩子更好地成长,是否有一些具备教育价值的、利于孩子提高发展的内容。幼儿园教室门口的墙面环境创设需要教师、家长、孩子的共同努力,孩子在此期间发展想象力、创造力,教师与家长之间形成合力。教师要精心制作、维护"门口小天地",让孩子爱上幼儿园,使家长关注幼儿教育,配合教师,参与教育,真正做到家园互动,牵手共育祖国的未来!

知识锦囊

一、班级门廊墙饰环境创设要点

环境是重要的教育资源,为幼儿创设良好的活动环境和教育环境,应当从幼儿的身心发展特点出发,有目的地通过环境的创设和利用,有效地促进幼儿身心发展,使它对幼儿在认知、情感等方面产生隐性的影响,像海绵吸水那样融入幼儿成长的过程中,真正做到让环境服务于幼儿,达到环境育人的目的。

(一)以幼为本

幼儿年龄小,缺乏最起码的生活经验,最初只能是通过自身与环境的相互作用而实现对周围环境的认知。门口的墙饰需要面向全体幼儿,而幼儿有年龄、性别、个性及发展水平等方面的差异,不同幼儿对环境的要求是不一样的。因此,墙面环境的创设要符合幼儿心理发展的需要。在色彩上,应以色彩艳丽的颜色为主,这些源于自然的色彩,能使阅历浅短的幼儿产生共鸣、易于理解。在为幼儿创造色彩对比的同时,应考虑画面的整体美,采用较大浅色块支撑,可使画面既有局部美的变化又有整体协调感,能解决幼儿园墙面内容多、色调不易统一的问题,使环境更艺术化,如图3-2-1所示。

门廊的墙面装饰以鲜艳的色彩为主,内容应为幼儿所熟悉,且符合幼儿的心理特点,并要有意识地培养幼儿的审美情趣，达到"教得有意，学得无意"的效果，如图3-2-2所示。

图 3-2-1　班级门廊墙面　　　　图 3-2-2　教室门口墙面

（二）多样丰富

幼儿因为年龄特点，视觉效果并不能与成人的视线契合，因此为了拉近幼儿和互动墙之间的空间距离，应该让幼儿既可以用眼睛欣赏，同时也可以用手触碰。活动室的环境要开放，那么就要精心构思活动室的每块墙面、每个角落，充分利用空间，让门口环境处处成为孩子求异、创造、表现的天地。把幼儿收集的材料和异想天开的内容布置到壁面上，让他们能够时时说、时时看，激发其更强的创作欲望，如图3-2-3所示。

图 3-2-3　班级门口作品墙

（三）趣味吸引

为幼儿创设熟悉的、符合心理要求的环境。组织幼儿利用他们常见的、生活中的物品装饰自己班教室门口。秋天来了，幼儿用捡来的树叶装饰门口的"留白"，他们进行树叶粘贴，贴上自己的笑脸，孩子们一个个兴致很高，有的贴成各种树叶小动物，有的贴成各种树叶娃娃，把门口布置得五彩缤纷，如图3-2-4所示。

图 3-2-4　孩子们眼中的秋

二、托幼园所门口墙饰的种类

（一）互动类

每个幼儿都是独立的个体，都有不同的性格、爱好和审美，因此在门口墙面环境创设中，教师应尽可能地去充实和丰富创设的题材，针对幼儿的个体差异进行灵活多变的环境创设，让幼儿大胆去表达和创造属于他们的独特墙面，满足幼儿发展的需要，让幼儿获得成就感和满足感。同时，提高门口墙面的开放性，让幼儿能够充分发挥想象力和创造力。此外，教师还要把握廊道墙面环境创设的主题及幼儿的接受程度，如图3-2-5和图3-2-6所示。

图 3-2-5　幼儿设置的植物角

（a）

（b）

（c）

图 3-2-6　幼儿喜欢的教室门口

（二）参与类

创设开放的主题可以给幼儿留有一定的操作机会，引起幼儿的兴趣，调动幼儿的积极性，门口的墙面可以让幼儿谈论放置哪些内容，根据幼儿阶段性的兴趣更换墙面内容，如图3-2-7所示。

（a） （b）

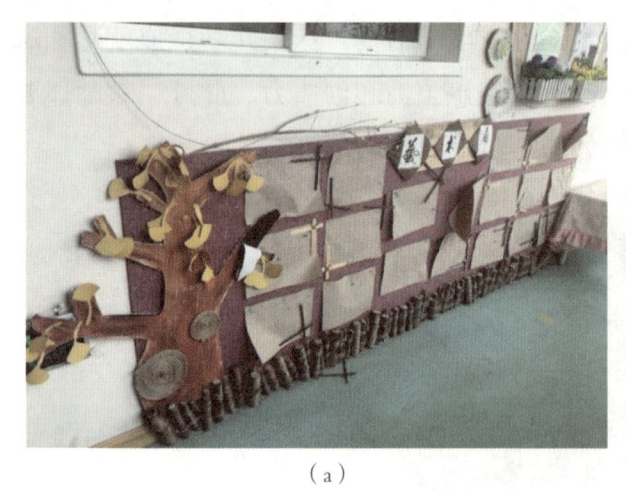

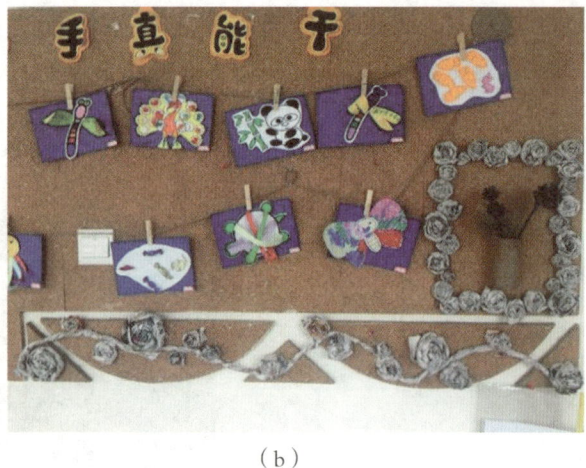

图 3-2-7　幼儿自己创作的作品墙

（三）生活类

门口墙面的环境创设给幼儿留有了操作和探究空间，不能只是固定在墙面上让幼儿去看，应给予幼儿自由创作的空间，让幼儿参与其中，充分发挥和展示他们的想象力、创造力和动手能力。教师应作为环境创设的指导者，为幼儿提供合理的帮助和建议，如图3-2-8和图3-2-9所示。

图 3-2-8　班级照片墙　　　　　图 3-2-9　毕业季

（四）欣赏类

班级门口的墙面并不是仅供一个班的幼儿欣赏，而是可供幼儿可在班与班之间互相交流，这样不仅有利于幼儿园开展工作，更有助于幼儿多方面的发展。不同年龄阶段的幼儿也可以组成一个大的集体，让他们可以共同欣赏美、发现美、创造美，如图3-2-10所示。

图 3-2-10　门廊点指画

（五）家园共育类

在教室门口墙面设置家园园地一栏，可以给家园园地取一个新颖活泼的名称，如"家园天地""家园桥""大家来关注""家园碰碰车"，家园园地的名字尽量做到一目了然，如图3-2-11所示。

家园园地的版面装饰首先要考虑整体风格和表现手法的一致性，彰显班级特色。根据班级内环境布置的需要及主题的变换，门口版面装饰应常换常新，如图3-2-12所示。

图 3-2-11　乐享时光家园园地 　　　　图 3-2-12　门口墙面与教室内饰一致

教师可根据本班幼儿和家长的具体情况，将园地分成若干小栏目。如介绍教育教学内容的——"一周计划"；介绍家庭教育经验的——"育儿经验"；介绍幼儿园、班级新闻的——"信息发布"；争取家长互动的——"请您配合"；转载教育经验的——"保教贴士"；鼓励幼儿展示风貌的——"我是小明星"等。"一周计划"主要向家长宣传本周的教育重点，突出需要家长配合的要求；"育儿经验"要主动向家长约稿；"信息发布"记录幼儿园、班级的最新新闻；另可开设如"才艺展示""我最想做的事""谁最好"等栏目。这些栏目会让家长感觉耳目一新，吸引家长的注意力。

如图3-2-13所示为某幼儿园教室门口家园园地墙面。

（a） （b）

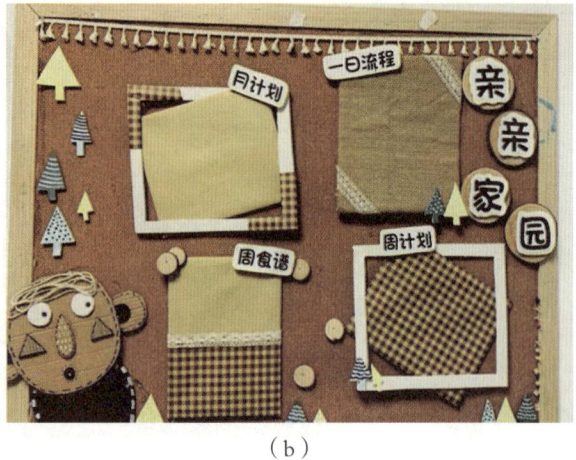

图 3-2-13　教室门口家园园地

掌握家园园地互动的技巧。通过栏目设计，触发观念互动和行为互动，激发互动的兴趣。教师要精心选好互动的主体，做好互动准备，鼓励家长参与。激发幼儿的关注兴趣，以小促大，如图 3-2-14 所示。

家园桥环境创设案例

图 3-2-14　家园园地互动

拓展延伸

《幼儿园教育指导纲要》中指出：家庭是幼儿园重要的合作伙伴。应本着尊重、平等、合作的原则，争取家长的理解、支持和主动参与，并积极支持、帮助家长提高教育能力。通过在各班开辟一块"家园园地"（又名"家园桥""家园联系栏"）可以及时向家长传递班级教育情况，使家庭和幼儿园对幼儿实施协调一致的教育，从而促进幼儿的发展。通过这个窗口，可以展示、丰富幼儿园的文化，并在一定程度上折射幼儿园教师的文化修养。

单元三 托幼园所室内环境创设

创设实施

具有可操作性、趣味性的互动墙面环境能够调动幼儿多感官的参与，满足幼儿动手体验的需要，幼儿在与墙面进行"对话"中不断收获成长。创设大量丰富的互动墙面；注重幼儿园室外互动墙面创设类型的均衡性；充分利用废旧品自制互动墙面，为幼儿提供参与创设的机会；适当增加幼儿园室外互动墙面的更新频率，创设多功能且可供多人合作使用的互动墙面。

创设案例1

具体措施：

（1）从幼儿思维和行为角度出发，考虑幼儿好奇心强、喜爱新鲜、有趣事物的心理特征。

（2）考虑幼儿在行为上对创设门口墙面的兴趣，能够主动创造，并从中得到生活体验。

（3）门口墙面创设符合幼儿身心发展规律，对幼儿有一定的教育意义和作用。

创设作用：

（1）考虑到成长带来的群体间和个体间的差异性，做出符合幼儿年龄特点的设计。小班的幼儿对门口的墙面装饰的选择更倾向于符合他们年龄阶段的可爱卡通形象，但中大班的幼儿自己动手创作的兴趣高涨，可以更好地进行创作。

（2）根据幼儿不同成长时期的需要来进行教室门口墙面的创设，能满足不同年龄段儿童的成长发育对外部空间环境的需求，遵循幼儿认知发展规律。

（3）能够更好地贴近幼儿生活的内容，多种题材会使幼儿更加积极地学习和探索。

案例展示（图 3-2-15 和图 3-2-16）：

图 3-2-15　绘本墙面

(a) (b)

图 3-2-16 创意墙

创设案例2

具体措施：

（1）能够吸引幼儿创作的门口墙面环境，要保证其空间环境具有足够的趣味并能够引起幼儿的兴趣。

（2）教师带领幼儿共同讨论，确定创作方案、选择合适的材料、制作装饰以及完成最后的布置。在这个过程中，听取幼儿意见，把幼儿想法融入墙面。

创设作用：

（1）有趣的空间环境要能给予幼儿眼、耳、鼻、口、手等多方面的感官刺激，设置充足的条件，让幼儿拥有丰富多样的活动选择。

（2）激发儿童参与活动的主动性和积极性，促进自我启发和自主探索，并保持持续的热爱。

（3）锻炼幼儿的思维能力，促进幼儿实践发展能力，极大地增强幼儿的自信心，让幼儿在实践中快乐成长。

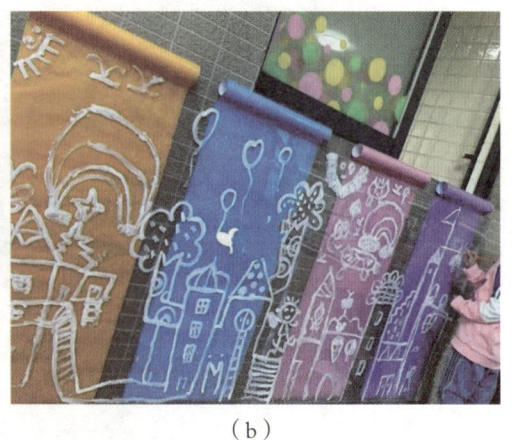

案例展示（图 3-2-17）：

(a) (b)

图 3-2-17 门廊涂鸦墙

单元三 托幼园所室内环境创设

创设案例3

具体措施：

（1）要促进幼儿更加全方位的能力发展，就要创设丰富多样、功能全面的墙面条件，刺激儿童进行更加全面的行为活动。

（2）具有教育性和对幼儿发展起积极作用的墙面创设有较强的操作性，为幼儿搭建起了积累经验和发展能力的平台。

创设作用：

（1）幼儿虽然具备某些主观创造性，但是他们自我动手、改造环境的能力还比较欠缺。他们在活动中往往是被动地适应环境中已有的条件，接受到的外界刺激和反馈也一般是被设定好的。空间内设定出满足进行什么样活动的条件，幼儿就会被引导着进行什么样的活动。因此，给予幼儿更多的环境刺激，可激发幼儿的创造思维和创造能力。

（2）幼儿园的墙面不应只具有观赏性和教育性，更应该让幼儿从中学到新的知识与经验，并能与同伴交流和分享。

案例展示（图3-2-18）：

图3-2-18所示为某幼儿园教室门口的墙面及地面创作。

（a） （b）

图 3-2-18 幼儿动手创作

课后实训

幼儿园班级家园互动栏是班级教师与家长联系的一个互动窗口，家长们会很细心地观看家园栏的内容，通过这个家园合作的平台，可以了解到幼儿园班级教育的各项信息。以小组为单位，请为新学期的中班打造一面教室门口的家园园地，家园园地的内容包含月主题说明、每周计划、育儿经验、温馨提示以及符合班级幼儿认知和年龄特征特点的亮点栏目。家园栏的创设要遵循适宜性、教育性、主体性和美观性。

活动三　班级主题墙面环境创设

情景导入

"小树为什么会发芽？""这只昆虫叫什么名字？""种子是怎样长大的？"幼儿从身边发现春天的足迹，探索春天里的秘密，获得成长的快乐。怎样才能使幼儿的成长看得见，让幼儿能更好地在主题活动中得到发展，这个时候主题墙就发挥了极其重要的作用。协助幼儿选择适宜的方式进行环境创设的延伸，真正地让教师走进幼儿的内心世界，从而在与墙饰的互动中获得有益发展。发挥好幼儿的主人翁精神，让幼儿在积极主动的氛围下，可以自由、充分地体验互动、交往的环境，真正地让墙饰散发出五彩纷呈的光芒，让幼儿理解墙饰环境的意义并愿意为之贡献自己的智慧，并以能够参与墙饰文化环境创设为自豪，如图3-3-1所示。

（a）　　　　　　　　　　（b）

图3-3-1　墙饰环境

知识锦囊

一、班级主题墙饰环境创设要点

主题墙环境是动态的，不是完全没有生命力的简单的粘贴和摆放，具有隐形的潜在的无限力量。主题墙能够有效反映主题活动内容的开展情况，把握主题脉络，深化主题走向。要体现出功能价值，不仅包括社会性的互动，即幼儿与主题的互动，从而获得发展经验和社会经验；也包括自身的互动，即在主题墙饰环境创设中，将幼儿的思想、审美融入环境的教育价值中，促使教师理清幼儿的思路，帮助其作出正确的判断。

1. 内容突出主题

根据幼儿感兴趣的一些主题，以幼儿为主、教师为引导创设环境，以此促使幼儿在环境中进行创作与实践等。根据课程需要和主题内容，对主题墙的内容进行增减和调整，利用幼儿之间的沟通交流和协商，针对墙面布置分享和表达自己的要求，进行内容和布局的调整，如图3-3-2所示。

图 3-3-2 主题"我爱我家"

2. 体现层次性

随着主题的不断深入，主题环境逐渐丰富，这其中所印证的每一步都是孩子经验提升的体现，每一件作品都是幼儿学习参与的写照。因此，在主题内容的生成上，幼儿园始终以内容的连续性作为基础来动态地展示主题墙活动。

随着主题的步步深入和拓展，幼儿的思维也在不断发散，不断深化。当孩子看到自己所参与了解的知识时，他们不仅获得了成功的体验，而且也会主动去欣赏、领悟环境所蕴含的教育内容，当提出新话题时，就会引发幼儿生成新的问题，激发幼儿探索的欲望。幼儿在这种整合、有序的环境交互作用下，自主、积极地参与整个活动的过程和环境的改变，获得了观察、记忆、表达、分析、判断等能力，如图3-3-3和图3-3-4所示。

图 3-3-3 孩子经验的提升　　　　图 3-3-4 幼儿的不断探索

3. 注重孩子参与

教师在创设互动环境时，与孩子共同讨论出大的框架，里面的内容由幼儿自己一点一点地进行添加，幼儿可以每天添加一点，使得主题墙上每天都能出现新的内容，以此保持幼儿的新鲜感，让幼儿可以一直与主题环境产生互动，如图3-3-5所示。

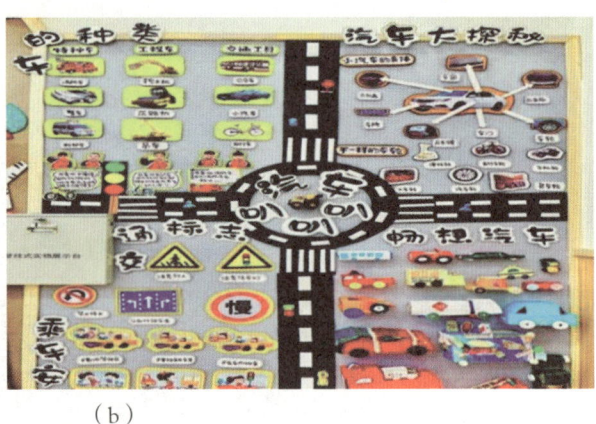

（a）　　　　　　　　（b）

图 3-3-5　幼儿与主题环境的互动

二、托幼园所班级主题墙饰的种类

（一）互动类

教师要追随幼儿心理活动的变化历程，当幼儿具备与主题墙进行互动对话能力的时候，教师作为教室环境的主动引导者，应积极努力地创设与幼儿相互作用的主题环境，让幼儿理所应当地成为环境设计的主持人。在创作之前，以话题引导幼儿大胆表述，教师通过问题激发幼儿的求知欲与表现欲，共同参与主题墙的讨论，并引导幼儿对于其他想法进行评述，如图3-3-6～图3-3-8所示。

图 3-3-6　职业达人

单元三 托幼园所室内环境创设

图 3-3-7 感受表达爱

图 3-3-8 环境设计的主人

每一个主题墙的装饰创设，不仅折射出课程内容的精华、反映出教学活动的精髓，更将是记录幼儿学习过程和结果的见证。瑞吉欧的教育理论认为，环境就像一个"会运动的生命体"，幼儿的身心发展也是如此，体现着幼儿心理活动的变化历程。图3-3-9所示为幼儿心理活动的变化历程。

(a)

(b)

(c)

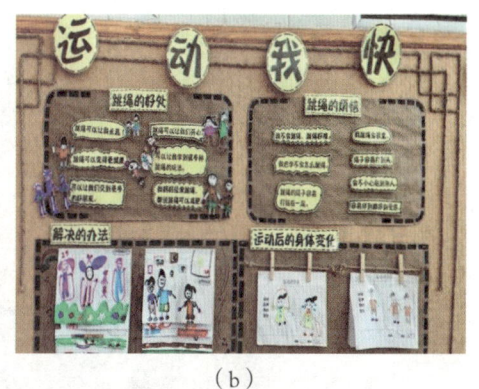

图 3-3-9 幼儿心理活动的变化历程

（二）参与类

幼儿是独立发展的人、独特的人，有独立的思想。教师应提供个性化的指导和建议，发现

61

幼儿的能力与水平，让不同发展水平的幼儿都能看到自己的作品，促进和谐发展，帮助每个幼儿抓住在墙面展示自我作品的机会。这样不仅可以丰富主题墙墙面创设的功能性，而且能够增强幼儿的班级凝聚力和自我效能感。

图3-3-10所示为某幼儿园的主题墙面创设。

（a）

（b）

（c）

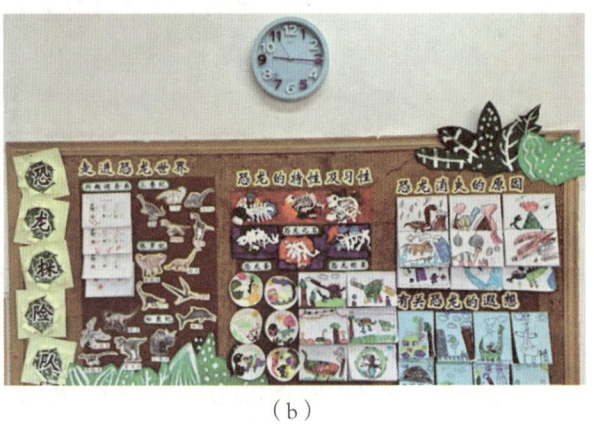

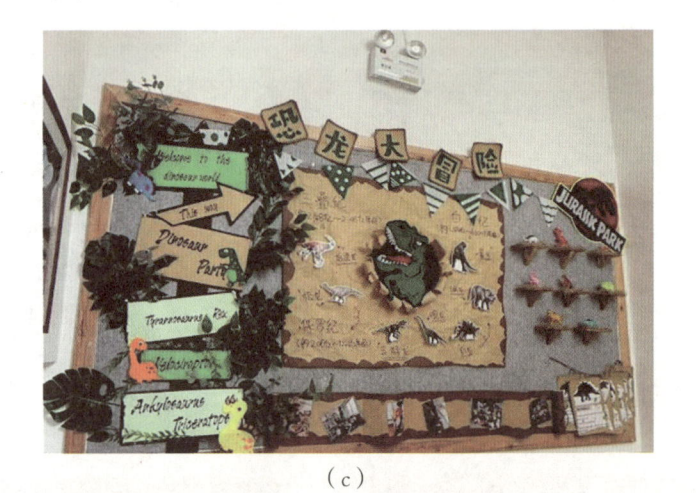

（d）

（e）

图 3-3-10　幼儿园的主题墙面创设

单元三 托幼园所室内环境创设

教师要根据每位幼儿的现有水平和发展进度，鼓励他们选取适合自己的方式参与主题墙的创设。在创作之前，以话题引导幼儿大胆表述，教师通过问题激发幼儿的求知欲与表现欲，共同参与主题墙的讨论，并引导幼儿对于其他想法进行评述。在创设过程中，让不同发展水平的幼儿都能看到自己的作品，促进和谐发展。因此，教师要清晰地了解孩子的现状，及时调整环境布置的策略，更好地进行环境与幼儿及教师之间的互动，如图3-3-11和图3-3-12所示。

图 3-3-11 小组合作　　　　　　　　　　图 3-3-12 幼儿发展水平

幼儿在开放的、多方位的、动态的主题墙饰中不断思考，大胆探索交流和表现，享受探索的快乐。每个幼儿都参与了制作，让他们从中体会到自己也很能干，从而提高了孩子的自信心，让他们充分意识到，只有通过大家的团结合作，教室的活动环境才会更加美丽。图3-3-13所示为"上小学喽"同伴间的合作。

（a）

（b）

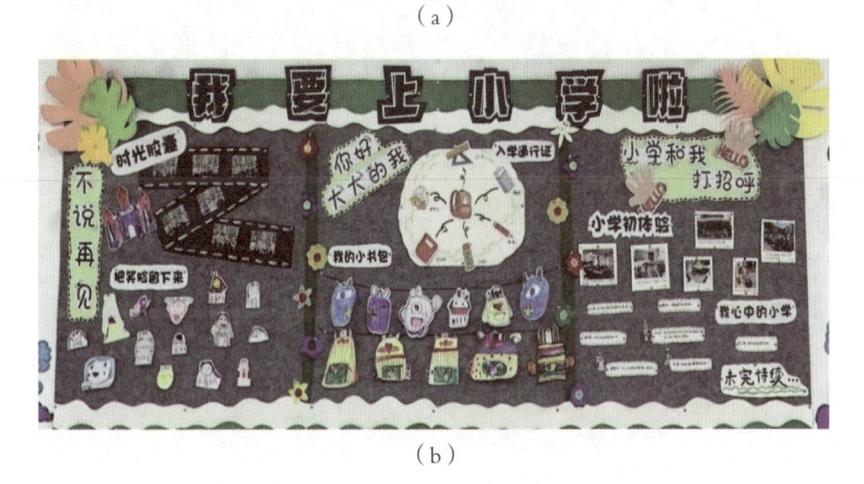

图 3-3-13 同伴间的合作探索

(三)生活类

环境的教育不仅蕴涵在静态环境中,也蕴涵在环境创设的过程中。生活处处皆教育,幼儿将自己的想法展现在墙饰上。从幼儿真实的问题、实际出发,从幼儿的兴趣出发,结合当下真实的社会生活来实施课程,如图3-3-14和图3-3-15所示。

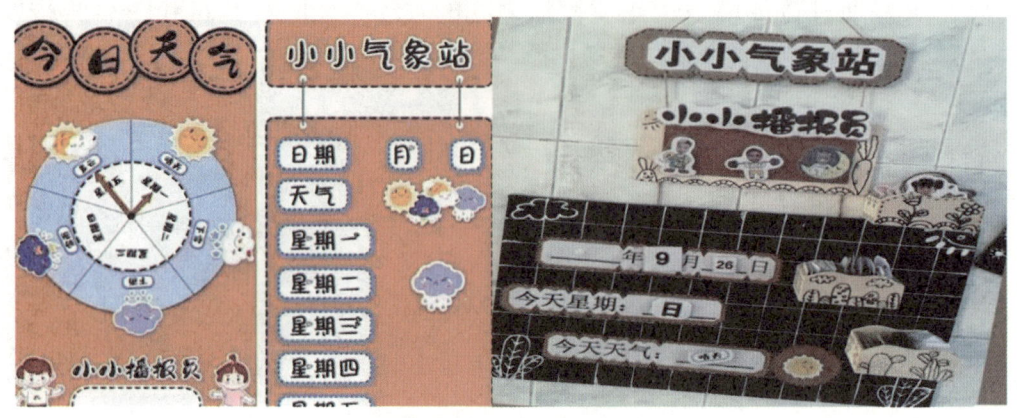

图 3-3-14 小小气象站

图 3-3-15 "疫"起苗苗苗

拓展延伸

在主题墙环境创设中,幼儿是自始至终的参与者,只有让他们充分参与其中,才能引发幼儿的深度学习。教师可通过创设主题墙环境,呈现主题活动从生成、实施到结束的脉络,并引导幼儿与主题墙互动,使幼儿在直接感知、实际操作和亲身体验中获得成长与发展。可通过分析主题活动—绘制主题活动网络图—规划主题墙草图—协同实施、分步上墙—评价反思让幼儿自我体验、建构、发展。教师需要不断思考、深入研究,挖掘幼儿墙面环境使用的潜力,促进幼儿的健康发展。

（四）欣赏类

随着主题的不断深入，主题环境逐渐丰富，孩子的经验得到提升，可以将内容的连续性作为基础来动态地展示主题墙的活动。每一件作品都是幼儿参与学习的写照，可帮其建立明晰的知觉和视觉形象，学会自我欣赏和欣赏别人作品等。将幼儿的绘画作品放置于幼儿随时都能看得到的位置，除便于同伴的欣赏之外，还可激励他们更好地投入创作表达。在欣赏过程中培养审美情趣，以及对美的观察能力。作品内容随主题的开展随时更换，换下的作品可直接放入幼儿的成长档案袋中，为幼儿的成长足迹保留一份珍贵的资料。图3-3-16所示为幼儿自我创作。

（a）

（b）

（c）

图 3-3-16　幼儿自我创作

（五）亲子合作类

在适当的共同创作、制作玩具、协作运动、游戏分享等愉快的环境氛围中，家长的参与既增进了亲子感情，还有可能充分调动家长的既有资源，将这些资源转化为教育的潜在资源，以共享的方式辐射到幼儿的知识领域，以多元互动的形式促进幼儿的积极发展。家长参与活动，又能让幼儿充分意识到，只有通过大家的团结合作，教室的环境才会变得更加美丽。图3-3-17所示为亲子合作共同完成的作品。

（a）

图 3-3-17　亲子合作完成作品

（b）

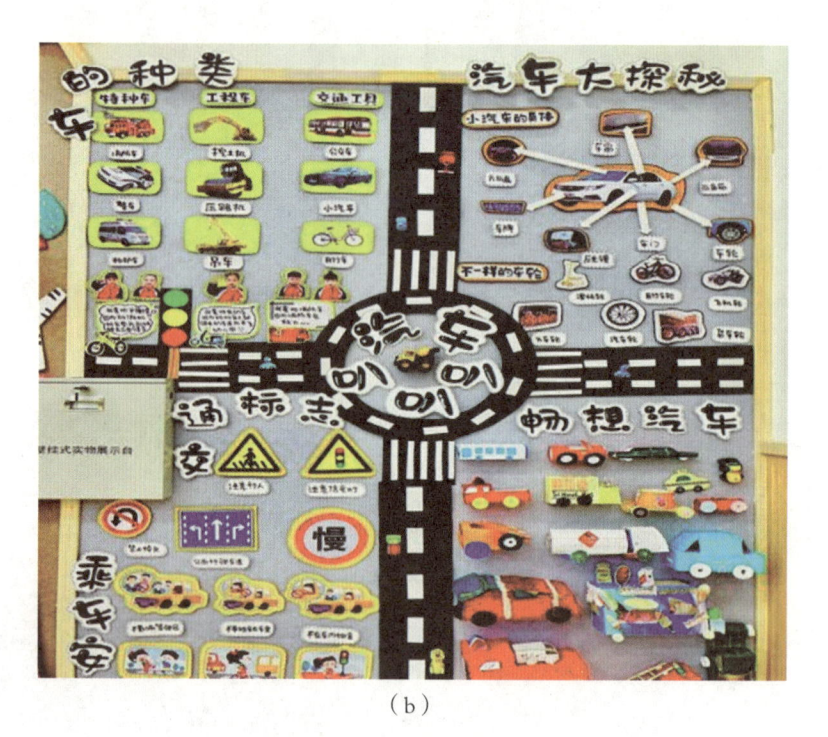

图 3-3-17　亲子合作完成作品（续）

创设实施

环境的教育不仅蕴涵在日常生活的环境中，也蕴涵在环境创设的过程中。主题墙的创设主要包括：逻辑层次分析主题活动、绘制主题活动网络图、规划主题墙草图、协同合作分步上墙、评价反思。在创设过程中，需要注意的是主题墙要基于幼儿的生活和具有可操作性。

创设案例1

具体措施：

（1）创设对幼儿的认知、行为发展具有指示性和导向性的互动墙饰。

（2）考虑幼儿的年龄特征、已有认知水平和经验，选择贴合幼儿生活经验的内容。

（3）较多地利用幼儿生活中常见的物品进行墙面装饰，引导幼儿不断关注，观察和思考，使幼儿有意识地参与其中。

创设作用：

（1）帮助幼儿克服分离焦虑，跨越这种挑战，尽量创设像家庭一样安全舒适、自由放松、柔软温馨的游戏环境。

（2）让幼儿有一种集体的归属感，并在认知、行为习惯和性格塑成上起到重要作用，还会增强幼儿的主人翁意识。

（3）提高幼儿的参与水平，让他们成为有思考能力的参与者，培养幼儿对环境创设的责任感，推进幼儿的创造力、独立性和自主学习能力的发展。

案例展示（图3-3-18和图3-3-19）：

（a）　　　　　　　　（b）

图3-3-18　情绪墙

主题墙环境创设案例

（a）　　　　　　　　（b）

图3-3-19　签到墙

创设案例2

具体措施：

（1）创设课程内容实施或者生成幼儿感兴趣的互动墙饰。

（2）墙面中各领域的创设要有明确的主题，让墙面的创设更好地为幼儿服务。

（3）在丰富主题墙的过程中，尽力做到主题内容与教育活动及幼儿学习活动相一致。

创设作用：

（1）让墙饰与课程互动起来。幼儿作品展示区给了幼儿自我展示的空间，不仅增强了他们的自信心，还让他们在对话过程中有效地提升了语言表达能力和社会交往能力。

（2）使主题墙面更具有可操作性，为幼儿树立了正确的创设目标和理念。

（3）主题墙可以更好地展现幼儿的学习过程以及对幼儿学习经验的总结、强化、概括和提升。

案例展示（图3-3-20）：

（a） （b）

图3-3-20 提升幼儿感知

创设案例3

具体措施：

（1）创设跟随时态变化的富含教育意义的互动墙饰。

（2）墙面主题可以根据教学目标、游戏活动、幼儿园组织的活动和各种节日来进行及时调整。

创设作用：

（1）根据教育教学目标、幼儿年龄特点创设环境。教师通过和幼儿沟通，精心设计和装饰每一面墙，使每一面墙都富有意义和具有特色，这都是幼儿美感的体现。

（2）以节日活动为主题，适时开展墙面环境创设，可以帮助幼儿更好地认识节日文化，主题也是具有可变化性的。

案例展示（图 3-3-21）：

（a）　　　　　　　　　（b）

图 3-3-21　班级公约

课后实训

教师可通过主题墙的环境，完整呈现主题从生成、实施再到结束的一系列脉络，并从中引导幼儿与主题墙互动、成长并收获快乐。教师应遵循主题活动脉络，因地制宜地创设主题墙环境。基于此，在开学伊始，小组合作创设一面"我们开学了"的主题墙面，并记录下来这面主题墙是如何沿着幼儿的生活和发展轨迹进行建构的。

单元四
托幼园所游戏区域环境创设

　　《幼儿园工作规程》指出：幼儿园应将环境作为主要的教育资源，合理利用幼儿园的环境，创设开放的、多样的区域活动空间，提供适合幼儿年龄特点的、丰富的玩具操作材料，支持幼儿自主选择和主动学习，激发幼儿学习的兴趣与探究的愿望。在幼儿园区域游戏环境创设中，幼儿教师从幼儿的需求出发，让幼儿在参加区域游戏活动的过程中感受到快乐，满足幼儿多元化发展，促进幼儿各种能力的提高，让幼儿在游戏中学习，在自主性游戏中学会做人、学会生活。

学习目标

　　知识目标：掌握托幼儿园所游戏区域环境创设的方法和要点。

　　能力目标：能根据各年龄段幼儿发展的特点设计不同类型的区域及墙饰。

　　情感态度价值观目标：在创设托幼园所时应把大小环境有机结合，让社会环境以它独特的方式作用于幼儿。

托幼园所环境创设

活动一　班级角色区域环境创设

情景导入

在托班创设区角活动时，考虑到托班孩子的游戏需要很强的情景性，就需要提供逼真的材料，以满足他们游戏的需要。例如，经常可以看到托班的小朋友推着小车，带着布娃娃在教室里到处乱跑，把布娃娃摔到地上，这时候我们就可以开展随机教育告诉幼儿："瞧，你把布娃娃都弄疼了，衣服都弄脏了，怎么能出去玩呢？"孩子听了会马上回答，"那怎么办呢？"这时我们就可以将孩子引导进入娃娃家进行活动，可以帮布娃娃更换衣服洗澡，这都是已有的生活经验。因此，对孩子来说，洗衣机、澡盆的出现，只不过是娃娃家多了一件物品而已，老师就可以通过示范和语言为孩子创造真实的游戏情景，孩子的生活经验也会在游戏中得到提升。

知识锦囊

角色游戏，能帮助幼儿缓解在现实生活中的焦虑和遭受的压抑，释放出内心的压力，有利于孩子的身心健康发展，通过角色游戏，幼儿可以演绎出他们的遭遇，宣泄出情感，通过这种方式去治疗内心的创伤。

角色游戏，可促进幼儿想象力与思维能力的发展，能培养幼儿友好相处、共同合作的精神；提升幼儿自己解决问题的能力，丰富幼儿的情绪体验，有助于培养幼儿的积极情感，使幼儿学习社会角色，掌握社会规范。

一、角色区环境创设要点

（1）"娃娃家"的布置应贴近家庭并充满童趣。在场地布局上，最好用小屏风或积木将"娃娃家"分隔成"厨房"和"卧室"，以便活动的开展。"厨房"里摆放"炊具"，"卧室"里放置"家具"，再挂上一张反映家庭生活或合家欢的图片，有条件的话，铺上一块地毯，使"娃娃家"变得更加舒适温馨。

（2）"娃娃家"所投放的玩具与道具，应是幼儿在家常见的东西。如摇篮、布娃娃及日用品（奶瓶、菜篮、小桶、扫把、簸箕、围裙、抹布）等。

（3）教师提供给托班幼儿的玩具数量要多些。年龄小的幼儿很难与别人分享玩具或理解轮流、等待的含义，而且模仿的愿望特别强，看见别人做"妈妈"，也要做"妈妈"；看见别人有"小锅"，也吵着要"小锅"。可以允许几个幼儿同时扮演"妈妈"，然后逐步将他们分到几个"家"。

二、角色区环境创设的原则

1. 自发性原则

（1）以桌子、柜子、隔板等物体将活动室划分为各个游戏区域，幼儿有选择的余地，能够专注地游戏，减少喧闹及攻击性行为。（如：上海板或KT板也可作为隔板）

（2）用不同质地的铺设物（地毯、地板革）界定游戏的范围和特性，可以增加不同区域之间的互动。铺设物还有利于减除噪声。

（3）各区域之间要留有清楚的走动线，引导幼儿的正常游戏，避免正在进行中的游戏被打扰。（如：也可在规划的路线上粘贴小脚丫或标志线）

（4）分隔物的高低视幼儿的年龄特点而变换，托班幼儿需要相对开放的空间，分割物不要太高，使幼儿能随时看到教师，增加心理安全感，也便于教师指导。（如：我们可以将分割物做成镂空的，既不影响采光，也便于教师观看和指导）

2. 相容性原则

（1）将性质相似的区域设置在相邻的位置，使幼儿能够产生互动行为。例如：娃娃家与建构区相邻，便于两区之间的交往。

（2）考虑幼儿的需要用水、采光区域设置在便于取水、靠近光源的地方。

3. 可变性原则

（1）可以在作为分隔物的柜子下面装上万向轮，或用屏风、布帘等物来分隔区域，使幼儿能够弹性地变换和组合游戏区。

（2）充分利用空间，相邻区域共用分隔物，使材料能相互通用。

4. 转换性原则

区域的空间分隔是动态的，应经常变换区域的位置，引发幼儿的新异刺激，激发幼儿的游戏愿望。（如：在区域中观察到幼儿对区角失去了兴趣，可将区角内的布局或区角与区角的位置变换。）

5. 互动性原则

（1）鼓励幼儿参与环境设置，通过改变区域环境以实现自己的计划。

（2）游戏初期视空间大小规定区域人数，随着幼儿游戏水平的提高，逐步放宽限制，由幼儿自行决定人数。

创设实施

角色游戏具有互动性、创新性的特点，教师组织幼儿进行角色游戏，能够带给幼儿不同的体验，促进幼儿的社会性发展。为了更好地发挥角色游戏对幼儿成长的促进作用，教师要结合

幼儿的身心发展特点与认知水平，创新角色游戏的实施途径。

具体措施：

托班的孩子来幼儿园还是会时常想爸爸，想妈妈，想家。家是我们感觉最温馨的地方，更是孩子们感觉最安全的地方，家里有他们最亲的人，有他们最喜欢的玩具。对于托班的幼儿来说，他们已经对自己的家庭积累了一些零散的生活经验，但是他们对于亲人之间爱的感受、理解和体验并不深刻，需要成人予以引导。

因此，我们决定开设"娃娃家"区角活动，如图4-1-1～图4-1-3所示。帮助幼儿了解自己的家庭、家人，掌握有关家的生活经验，从关心家人开始，培养幼儿关爱他人的优良社会品质。

图 4-1-1　娃娃家环境创设（1）　　图 4-1-2　娃娃家环境创设（2）

图 4-1-3　娃娃家环境创设（3）

1. 空间布置与选择

地面可用不同颜色的地垫划分客厅、卧室、厨房，也可用红绿色地垫来铺，红色代表女孩，绿色代表男孩，这样一来，幼儿进区人数和男女幼儿参加活动的比例就相对来说较为平衡。墙面创设中小班幼儿喜欢色彩艳丽的游戏环境，我们就在墙面上挂满五颜六色的气球，张贴上美丽的全家福。也可以在墙面上画上一颗亲情树，将幼儿与家人的合影张贴在亲情树上。

2. 设施设备

隔物的高低视幼儿的年龄特点而变换，小班幼儿需要相对开放的空间，分割物不要太高，使幼儿能随时看到教师，增加心理安全感，也便于教师指导。中班幼儿有了一定的自控能力，分隔物会有助于幼儿从空间上隔离，以坐下看不到他人、抬头能够看到教师为宜。大班儿童自我独立意识较强，分隔物最好由幼儿自己选择决定其封闭程度。

3. 工具和材料

（1）提供熟悉温馨的具象材料。仿真碗、勺、锅等材料。

（2）适当增加低结构的生活材料。如"材料超市"中放置纸盒、纸板、纸箱、纸筒、夹子等低结构的生活材料。

拓展延伸

托班幼儿的游戏材料以及和同伴的游戏活动都能有效地激发他们游戏动机，帮助他们展开特定的想象。同时这一年龄段幼儿的思维的概括性和灵活性较差，在使用物品进行游戏时"以物代物"的能力不强，这使他们在模仿同伴的游戏时也往往追求玩和同伴相同的游戏材料，若同样的玩具材料不足时，就容易发生争抢。因而成人在帮助他们开展游戏时，要注意给他们提供各种形象的玩具和游戏材料，以引发他们开展游戏的愿望。为避免争抢玩具，在一个时期内提供的玩具和游戏材料在种类上可适当少一些，而同类物品在数量上应多一些。

（3）补充多样化的替代性材料。如纱巾、纸筒、自粘式绑带、各类瓶子、布、纸砖、纸、宝宝贴、各种餐具、手套、服饰、各类帽子、橡皮筋、大小不一的夹子等低结构生活材料。

（4）增添有利于角色互动的材料。教师根据托班幼儿的游戏需要，增加一些有助于角色识别、角色认知、角色互动的材料，或者对同一主题游戏中不同角色所使用的材料做一些标记。

4. 基本步骤

（1）幼儿自由分配角色，请幼儿分别扮演爸爸、妈妈和宝宝。例如：给宝宝做饭、喂宝宝吃饭和给宝宝整理衣服等。

（2）客人来做客，爸爸妈妈热情招待客人。主人负责给客人倒水，做小点心请客人吃，主动交流。

（3）迁移生活经验，创新玩法。比如，在小饭店里，教师原本只提供了一种帽子——厨师帽，随着角色游戏情节的发展，饭店里的工作人员不再只有烧菜的厨师，还有端菜的服务员和引导员。于是，我们在"材料超市"里增加了头巾和纱巾，小饭店的小厨师戴上厨师帽，服务员戴上漂亮的头巾，引导员戴上颜色鲜艳的肩带，这样角色身份立马就凸显出来，他们开始根据各自的角色自觉地进行游戏分工和互动。

案例展示（如图 4-1-4 ~ 图 4-1-11）：

区域游戏中的环境创设案例

图 4-1-4　区域规则　　　　　　　图 4-1-5　货架

图 4-1-6　娃娃家整体

单元四　托幼园所游戏区域环境创设

图 4-1-7　小吃店

图 4-1-8　操作台

图 4-1-9　小吃店的整体布局

图 4-1-10　超市布局

图 4-1-11　货架

课后实训

1. 结合实践谈一谈幼儿园托班"娃娃家"的环境布置中应该满足的要求。

2. 角色游戏适应幼儿身心发展需要而产生，是幼儿期最典型、最有特色的游戏，是幼儿自然游戏的一种，那么角色游戏要遵循哪些原则呢？

活动二　班级建构游戏区域环境创设

情景导入

幼儿建构游戏的过程中我们总能发现这样那样的问题。比如：有的幼儿看到漂亮的积木不会玩；有的辛辛苦苦建造的高楼总是站不稳；有的在利用一些建构材料时发现外形符合自己的需要但是总不能很好地粘合；有的发现自己需要的积木却被同伴拿走了；还有的当整个搭建工程竣工时却发现还没有搭出符合主题的代表建筑……那么，在幼儿建构游戏时教师可以为他们做些什么？如何创设符合幼儿年龄特征和兴趣需要的建构区区域环境呢？如何有效指导幼儿建构区区域游戏，帮助幼儿进行更高水平的建构区区域游戏呢？

知识锦囊

一、建构游戏区域环境创设要点

1. 建构区空间宽敞且独立

由于在建构游戏中，一般幼儿走动较多，产生的音量也较大，所以我们在区域规划中，将建构区规划在不与图书区、益智区等安静的区域相邻，不要设在通道上，区内不要放置桌椅，活动面积不宜太小，而是在教室中选择一块相对宽敞而又相对独立的空间，设置成一面临墙、三面开放的格局。因为构建区的活动是具有一定的连续性的，也许上午没有搭完的东西下午还要继续搭。所以，建构区应靠墙设在一个固定的角落。一方面，给幼儿提供可以充分利用的空间；另一方面，可以避免来回走动破坏搭建的物品，如图4-2-1所示。

2. 建构区材料摆放整齐

建构区的材料一般种类多、数量大，为了更大限度地满足幼儿的建构需要，应为建构区配备若干相同规格的木质置物架、置物筐。以游戏架或屏风作为分界，区域所需的材料、用具应放在区域内，以方便取用。置物架用来作为区域之间分隔的屏障，也可用来放置区域游戏材料。相同规格的置物筐用来分类摆放各类不同样式的建构材料，让杂乱无章的建构材料各有其位，随取随用，如图4-2-2所示。

3. 建构区环境空间舒适

幼儿在建构区一般席地而坐，游戏进行的时间也较长，为了起到一定的保暖作用，同时也

单元四　托幼园所游戏区域环境创设

起到减震、除噪的效果，最好铺设地毯，这样能使幼儿坐上去觉得舒服，同时可以避免积木活动的声响干扰到其他活动的进行，幼儿可以在地垫上自由搭建，如图4-2-3和图4-2-4所示。

4. 让环境说话

让环境说话，并让环境与幼儿互动，建构区空间和墙壁展示的内容是与"各种各样的桥"相关的资料、照片、幼儿的建构作品以及幼儿自己设计的桥的平面图。在活动中，能力一般的幼儿将会看着墙饰上的作品图片进行模拟拼搭，能力强的幼儿会根据自己设计的平面图进行创造性的拼搭，这样的环境满足了不同水平幼儿的需要。幼儿还可以根据自己的需要自主补充图片，调整和增减材料，让幼儿与同伴之间产生游戏的语言，如图4-2-5所示。

5. 师幼互动，共同为创设适宜的区域环境出谋划策

放手让幼儿大胆地参与设计、布置，同时为幼儿创设一个开放的、变化的、有多种探索发现机会的环境。墙饰布置充分地体现了幼儿的参与性。比如，幼儿在搭建桥梁的建构游戏中，先通过多种渠道去收集各种桥的实物图片，自己设计绘画桥的平面图，然后又自己选择建构材料自由模拟拼搭各种桥，最后将自己的作品拍成照片做成工作纸进行张贴。整个活动的准备都体现了幼儿自由、自主、积极的参与，让幼儿真正成为建构区的主人。

教师在创设建构区的环境时要考虑到幼儿之间能相互交流、共同合作，又要注意彼此之间互不干扰，使幼儿能专注投入某一活动，充满自信地探索问题，如图4-2-6所示。

图 4-2-1　位置 　　　　　　　　　　图 4-2-2　以游戏架或屏风作为分界

图 4-2-3　地毯（1） 　　　　　　　　图 4-2-4　地毯（2）

图 4-2-5　墙饰　　　　　　　　　　　　图 4-2-6　师幼互动

二、建构游戏区域环境创设原则

1. 目标性原则

目标明确可以使区域活动效果最大化，教师围绕幼儿发展目标确定区域、投放材料、布置环境，通过区域活动激发幼儿的学习动机、鼓励幼儿积极体验、促进幼儿身心和谐发展是区域活动应该追求的目标。区域环境的创设，要在观察了解幼儿的基础上力求使区域活动的内容、材料紧紧围绕这一目标，并根据这一目标决定活动区域的种类。如建构区，主要帮助幼儿通过独立或合作建造、分类、组合、比较和排列，获取重要知识和社会性经验，对幼儿认知和社会交往能力的发展有重要意义。活动区域的大目标明确后，可根据本班幼儿的基本发展水平、阶段性的教育目标和主要任务，以及幼儿之间的个别差异，拟定具体目标。

2. 适宜性原则

幼儿园各年龄班幼儿现有的活动能力和水平是不同的，因此，同一种活动区域的同一种活动内容在各年龄班所要达成的目标也是不同的，这就要求教师在创设区域环境时遵循适宜性原则。所谓适宜性原则是指区域环境的创建要符合幼儿的发展特点。幼儿的探索水平和能力是各不相同的，因此我们也应注重材料投放的层次性。以幼儿年龄特点为依据，首先挖掘同种材料在各个年龄阶段中的使用方法，充分让幼儿按自己的方式去探索、学习和获得发展。例如小班建构区不宜提供种类过多的建构材料，大班幼儿的建构水平较高，则需要提供多样的、低结构化的建构材料。

3. 趣味性原则

兴趣是支配幼儿学习活动的内驱力，在区域环境创设中，教师应该更多地关注幼儿的兴趣和需要。幼儿参与活动的兴趣及活动的持久性与区域活动材料的投放有着直接的联系。为使材料具有教育价值，能够有效地促进幼儿的学习和发展，教师应提供能够充分吸引和拓展幼儿兴趣的材料，注重材料的可操作性，让材料与幼儿积极"对话"。这也就必然要求教师把握幼儿的年龄特点，以本班级幼儿的阶段培养目标为主要依据，同时考虑每个幼儿的发展需要与学习兴趣。材料丰富，形式多样，幼儿在操作过程中才会变得积极主动。对于幼儿已经不再感觉新鲜的玩具材料可以暂时收存起来，过段时间再拿出来，或者与不同区域的材料搭配出现，一物多玩，增强其趣味性。

创设实施

建构游戏对幼儿的发展具有独特的教育价值，为了尽可能地满足幼儿建构游戏的需要，让幼儿与建构区环境和材料发生积极的互动，教师在创设区域中需要基于幼儿的视角，有效利用空间合理规划、精心设计并投放区域材料，同时积极发挥教师的指导、评价作用。

具体措施：

1.环境准备

（1）空间布局。

建构区空间要大，能容纳3~6人同时游戏，活动室空间不够时可与集体活动区联合使用；要远离走道，可设置在活动室的一角，呈半包围结构；可与美工区相邻，方便共用桌子、纸笔等记录材料；也可与角色区相邻，促进游戏间的互动。

（2）设施。

从幼儿的视线、需要入手，提倡使用适宜收纳积木的低矮且开放的柜子，柜子可分放两侧，保证幼儿取放材料不拥挤；在柜子里根据各年龄段特点，提供多种形式的建构材料，用统一样式的收纳筐分类摆放，并用标签进行标记。地面铺设平整的地垫，在柜子前面留出40 cm以上的无建筑区。

（3）支持性环境。

墙面提供支持幼儿当下活动的照片：如建筑物的照片；新搭建方法的分解图式；还可以将幼儿的搭建过程记录在墙面，如用夹子等工具将幼儿的设计图、搭建作品、搭建难题等展示在墙上。这样做便于幼儿随时随地观察，随时思考，以提升幼儿的搭建技能。

玩具类型	种类
搭建类	积木（泡沫积木、空心积木、纸质积木、木质积木）纸筒、纸杯、各类瓶子、罐子、扑克牌
插装类	嵌接玩具、旋转玩具、插接玩具、套接玩具、组合插塑、夹子等
辅助类材料	各种人物模型、动植物模型、交通工具、硬纸板、木板等各类板材类材料、各种废旧材料等
其他	可供幼儿参考的搭建类的图书、图片、幼儿搭建作品图片等

2.工具和材料

提供种类丰富、形式各样的建构材料，并根据幼儿需要随时更换。儿童的智慧源于材料。丰富多样的材料不仅能激发幼儿的积极性，更重要的是能充分发挥幼儿的想象力和创造力，其是决定幼儿主动活动的重要因素之一。幼儿园建构区内的材料一般有搭建类、插装类、辅助类材料等。辅助材料分两种：高结构辅助材料和低结构辅助材料，如图4-2-7和图4-2-8所示。

图 4-2-7　积木

图 4-2-8　插装类玩具、其他玩具

3.基本步骤

教师可以引导幼儿按照以下流程活动：

（1）讨论建构主题。在幼儿进入建构区之前，教师应引导该区域幼儿一起确定建构主题。建构内容可以与幼儿的课程经验相联系，例如，在学习了"恐龙"主题后，幼儿可以搭建"恐龙的家园"。建构主题还可以与生活经验相联系，要具体、形象、直观，如公园、商场、地铁站等，幼儿还可以搭建自己家乡的标志性建筑物，如图4-2-9所示。

（2）制订建构计划。确定建构主题后，幼儿可以开始制订计划，包括分工合作、建筑设计、材料使用等方面。这一环节是为了让幼儿能够进行有目的的搭建，在遇到困难后能调整计划，推进搭建过程。

（3）进行建构。在制订好计划后，幼儿会按照讨论好的计划积极地投入游戏中。教师在这个环节，以观察为主，多记录，给幼儿自由发挥的空间，鼓励幼儿使用多种材料建构，如图4-2-10所示。

（4）分享与交流。这是建构游戏中最重要的部分，往往也是最容易被忽略的部分。分享和交流包括分享经验和拓展思路两部分。分享经验是指分享如何提升游戏水平、游戏经验，包括针对分工与合作、技能的掌握、材料的运用、游戏常规等方面进行交流。比如："你们小组的搭建任务完成得怎么样？你们搭建时遇到了什么困难？怎样解决的？"拓展思路是指帮助幼儿逐渐丰富游戏场景、材料、主题、情节，使幼儿对下一次的游戏充满期待。比如："对下次游戏，你有什么好的建议？你认为还需要增加什么材料？"，具体如图4-2-11所示。

图 4-2-9 确定主题、制定计划

图 4-2-10 开始搭建

图 4-2-11 分享与交流

拓展延伸

面对正在分享自己想法的幼儿，你可能提出的问题有：

1. 你搭的这个建筑物，想让大家知道什么？
2. 建 _____ 的时候，你觉得最难的部分是什么？
3. 你是怎么做的？

集体讨论和反思时，你可能提到的问题有：

1. 你是怎么建 _____ 的？
2. 你建的时候觉得难吗？为什么难？为什么不难？

创设作用：

1. 有利于促进幼儿的动作技能和动作思维的发展

在游戏过程中，孩子必须运用叠高、错位、围合等技能，这不仅要求他们具有平衡、协调等大肌肉运动能力，更要有拿、抓等精细动作能力；同时，当孩子已有经验不足以支持个体顺利完成时，个体需依据当前情境整合或更新原有经验，创造性地解决实际问题。

2. 有利于空间能力和科学思维能力的发展

皮亚杰告诉我们，孩子在实际操作中能够不断实现感性经验的积累与内化，并逐渐将之转化为抽象概念。建构中包含数学、物理等原理，比如，搭建房屋会涉及如何稳固墙底、找准墙体支点等问题，同时还需注意墙体的厚度、受力面积及搭建高度等。

3. 有利于培养幼儿良好的学习品质

良好的学习品质如坚持性、创造性、主动性等。最重要的是：搭积木游戏是培养幼儿社会性发展的重要内容。

案例展示（图 4-2-12 和图 4-2-13）：

图 4-2-12　中班幼儿搭建过程

4-2-13　大班幼儿搭建过程

课后实训

为庆祝党的二十大顺利召开，激发幼儿的民族自豪感，培养幼儿的爱国情怀，感受举国欢庆的节日氛围，幼儿园开展了"欢度国庆节 喜迎二十大"国庆节系列主题活动。请你根据本班幼儿年龄及身心发展特点设计一个关于"我和我的祖国"的建构区角游戏。

活动三　班级表演区域环境创设

情景导入

果果小朋友来到幼儿园后，脑海里还在回想昨天晚上在家看的动画片《西游记》的剧情，于是就和自己的好朋友在座位上分享起来。孙悟空本领高强，能打败各种妖魔鬼怪，小朋友们都特别崇拜，其实，这种现象平时在幼儿园非常常见，教师可以适时地引导他们把自己看到的动画片图书放在我们的表演区中，并进行表演。

知识锦囊

表演是幼儿表达的一种方式，与其他表达方式不同，表演是一种综合性的表达，表演过程中需要运用多种感官，调动多方面的经验，幼儿园表演区区角活动可以促进幼儿语言、动作表现力、交往能力、审美能力、创造能力和情感的发展。

一、表演区创设要点

1. 创设温馨的环境

环境的布置要美观和谐。在布置表演区空间时，在班级的一角铺上地垫，墙上垂挂透明彩色幕布，给予幼儿美丽、温馨、方便、和谐的表演场景。旁边是可推动的组合柜，组合柜中可以放置一些可移动的表演道具，供幼儿自由取放，如此既保证了表演区的美观，又很好地利用了有限的表演空间。而组合柜后则悬挂着铁丝网，可将幼儿表演需用的头饰、打击乐、小道具等用小夹子夹住，达到整体和谐的效果。

2. 制作简易的道具

在创设环境中，教师应启发幼儿根据表演的主题和情节，认真思考，为幼儿提供多种辅助材料，和他们一起商议并制作道具，共同创设有关的环境。考虑到小班幼儿的动手操作能力有限，可以把制作简易的道具作为首选。如幼儿在熟悉故事《拔萝卜》的内容后，教师和幼儿共

同商议，用一个大枕头做萝卜造型，把幼儿们的涂色作品胡萝卜粘上去，由许多小萝卜组成大萝卜。别看制作简单，这个游戏深受幼儿们的喜爱。幼儿穿好的珠子制作成的项链儿也成了表演区的道具。

3. 收集废旧的物品

请家长和幼儿一起参与道具的收集，这也能使幼儿的表演游戏更具吸引力。幼儿经常将家中不用的帽子、领带、眼镜、小拎包、玩具、乐器、蝴蝶翅膀及各种小制作整齐地摆放在活动区，使活动区的材料更加丰富多彩，为表演游戏的开展提供了良好的条件。通过一系列动手动脑及表演活动，更加激发了幼儿参与表演游戏的兴趣。

二、表演区创设原则

不同年纪的幼儿的身心发展水平存在显著的差异，因此我们在创设表演区时也应该注重材料投放的层次性。

1. 2~3岁托班幼儿

托班幼儿具有很强的模仿性，因此我们在表演区的环境上尽量选择贴近幼儿生活经验的、富有场景性的、具有艺术氛围的环境，例如有蓝天和绿地的森林场景，这样容易让幼儿将表演区的场景和自己的生活经验联想到一起，当幼儿在表演区中游戏时，就能觉得自己仿佛置身于情景之中，他们就能在表演区中尽情地游戏。

2. 3~4岁小班幼儿

《指南》中指出："小班幼儿喜欢听音乐或观看舞蹈、戏剧等表演；能模仿学唱短小歌曲；能跟随熟悉的音乐做动作。"因此小班的幼儿在表演区主要以自发的歌舞表演为主。在小班展开表演区活动时，时刻关注幼儿的兴趣与年龄特点，当幼儿表现出对表演的兴趣时，教师应当及时给予支持和鼓励。由于小班幼儿的思维处于直观的形象思维阶段，他们需要具体形象的事物帮助才能更好地参与到表演中，所以在进行表演活动前可以创设生动的情景，使幼儿将表演的场景与文学作品的场景联系到一起，仿佛置身于故事当中，这样他们就可以在表演区里尽情地表演。同时可以在表演时增加有趣的音乐，帮助幼儿进一步拓展自己的想象力，进而加强幼儿的表现力。在表演中加入生动的装扮道具同样可以激发幼儿的表演欲望，当幼儿穿上形象的服装时，对表演的兴趣也就有了极大的提高。

3. 4~5岁中班幼儿

中班幼儿的表演能力、言语能力以及合作能力都较小班来说有了极大的提升，他们不再满足于简单的、自我的歌舞表演，他们更期待与其他人合作表演一个作品，他们喜欢有情节变化的文学作品，热衷于有戏剧冲突的故事性表演游戏。中班幼儿在进行表演活动时，教师要创设合适的环境，可以根据幼儿的意愿分组进行表演活动，在投放材料时给幼儿进行材料的讲解和指导，并在表演活动中关注幼儿情况，指导他们进行组内的分工与合作，幼儿在遇到故事创编、角色冲突、记不住情节等问题时鼓励他们通过直接感知、亲身实践解决问题。在选择表演区道具时，将美工区与表演区相结合，支持幼儿自己用半成品材料制作表演道具，丰富的半成品材料能引发幼儿思考如何制作更贴合绘本的道具，这样不仅激发了幼儿的表演兴趣，更丰富了幼儿的想象力和创造力。

4.5～6岁大班幼儿

大班幼儿的表演能力、言语能力、合作能力以及抽象逻辑思维能力都有了更明显的提高，对文学作品的情节、角色都有了更详细的了解，他们能够选择更合适的材料进行装扮，可以根据故事已有的开头和经过大胆地尝试创编故事结尾，能够用简单的肢体动作与同伴合作完成故事的表演。

在投放材料时，依据故事的发展阶段，结合幼儿的已有经验，投放适当的表演材料：首先，带领幼儿深入了解故事内容，通过熟悉作品的情节发展、角色性格和动作特点，进一步激发幼儿的表演兴趣，不同角色的不同表演材料能让幼儿更熟悉自己的角色。其次，在自主表演时，可以引导幼儿理解故事中的角色，促进幼儿自己明晰表演所需要的道具材料。最后，在创编环节，引导幼儿根据故事线索创编故事内容，利用已有经验表达出角色的情感，同时可以增加半成品材料的投入，促进幼儿通过自己设计表演材料实现深层次的创设。

拓展延伸

表演游戏对于大班幼儿来说，是他们非常喜爱的一种游戏活动，在表演游戏中，幼儿可以充分发挥自己的想象，并努力去营造快乐的氛围，与同伴交往并获得快乐体验。因此，为了给幼儿搭建一个这样的快乐艺术舞台，教师对表演区进行了重点打造。

大班表演区的意义有：表演游戏具有情感渲染和直观体验的特点，有利于激发幼儿对作品的兴趣，加深他们对作品的理解。发展大班幼儿的想象力，幼儿扮演的角色、使用的道具及场景都是假的，但幼儿都把它们当成真的，以角色的身份、语气来说话、行动，这些都是幼儿自己对人物的再创造。

表演游戏案例

创设实施

表演游戏可以充分发挥幼儿的创造力。结合幼儿园大中小托班表演游戏教育目标以及幼儿喜欢再现的人物、动作、表情等，增强幼儿发现问题、分析问题和解决问题的能力，从创造性角度推动表演游戏的发展。

具体措施：

1. 空间的选择与布置

（1）幼儿安全活动区设置尽量宽松，空间设计合理，表演区是比较闹的区域，应该选择不影响其他区域的空间。

（2）区域划分：表演区、观众区、道具区等。

（3）区域规则，清晰易懂，图文结合。

（4）表演区布景简单方便，既有表演的氛围又不能妨碍幼儿表演。

（5）表演区墙上贴有节目单图片、观众守则等。

2. 设施设备

（1）幼儿园场地应当选择安全、无环境污染、不影响采光的地方。

（2）活动场地应相对独立，确实不能独立的，必须有独立的出入通道和相应的安全防护设施。

（3）适合幼儿使用的桌椅、玩具架、盥洗卫生用具及保证幼儿学习生活需要的其他设备和用品。

3. 工具和材料

表演区主要分为音乐表演、语言表演以及形象装扮表演三种，而表演区材料则根据表演区的分类划分为以下三大类：音乐表演材料、语言表演材料、形象装扮材料。

音乐表演材料按照材料用途分为装扮类材料（幼儿表演前进行简单装扮）、音乐材料（支持幼儿进行歌舞表演及游戏）、乐器（幼儿可以在表演过程中加入节奏和旋律）。其中装扮类材料如：各种样式的头饰以及面具、多种颜色的丝巾、镜子、花束、演奏衣裙；音乐材料如：音乐播放器、话筒、悦耳动听的音乐；乐器如：铃鼓、手鼓、快板、三角铁、沙锤、串铃、碰铃、响板、架子鼓、自制编钟等。

语言表演材料包括故事书，纸笔，手偶，指偶服饰、头饰，生活材料以及一些半成品材料。故事书用于提示幼儿剧情发展，如：《龟兔赛跑》《猜猜我有多爱你》《逃家小兔》《爷爷一定有办法》《小马过河》《小蝌蚪找妈妈》《三只小猪》《老鼠娶新娘》《小鳄鱼看牙医》《大卫不可以》等；还有用于表演的手偶，如：兔子、狮子、恐龙、小猪、鳄鱼、小朋友、小羊等；以及相关服饰，如：睡衣、动物服饰、职业服饰、围裙等；还有各种与角色相关的装扮道具。

形象装扮材料主要是一些服装类材料、配饰以及部分的半成品材料，其中服装类材料主要有职业装扮类服装、卡通服装和民族服装。

4. 基本步骤

（1）幼儿可以根据自己的喜好选择经典故事内容和道具及头饰，分角色进行表演。

（2）幼儿听音乐并根据对音乐的理解表现各种角色的不同姿态，体验表演的乐趣。

（3）幼儿可以根据已有的材料自由组合，开展游戏。

案例展示（图 4-3-1 ~ 图 4-3-10）：

表演区环境创设案例

图 4-3-1　小剧场整体环境创设图例

图 4-3-2　材料投放的种类　　图 4-3-3　环境布置创设图例

（a）　　（b）

图 4-3-4　材料投放的种类

89

图 4-3-5　环境创设图例

图 4-3-6　手偶表演的材料

图 4-3-7　故事盒

图 4-3-8　角色表演

单元四　托幼园所游戏区域环境创设

图 4-3-9　故事书的投放　　　　图 4-3-10　区域的摆放

课后实训

1. 表演区要举办童话剧表演，请你为幼儿设置一场富有童趣的表演活动吧！

2. 随着儿童经验与能力的不断提升，幼儿表演游戏也越来越丰富和精彩，请结合中班、大班幼儿的身心发展特点，设置一组具有发展连续性的表演区，并说明区域设置、材料投放、游戏玩法等。

活动四　班级公共游戏区域环境创设

情景导入

每到一周区域游戏的时间，孩子们都跃跃欲试地想要选择到自己喜欢的区域，以平台上的小医院、娃娃家最为火爆。可是因为人数和空间的限制，一个区域游戏能容纳最多 4～5 位幼儿，这就意味着有些孩子不能够选择到心仪的游戏。他们会问："老师，我能不能去小医院呢？""老师，我可不可以换一个区域？"看着孩子们那期待的眼神，许多时候老师只能忍痛说："不可以哦，那个区域的人已经够了"，这样一方面是为游戏的质量考虑，另一方面是为安全的思量。那么，老师需要如何创设一个能够满足幼儿需要的游戏区域环境呢？如何充分利用走廊、楼道打造一个既适合本班幼儿，又面向全园幼儿的公共游戏区域呢？

91

> 知识锦囊

一、班级公共游戏区环境创设要点

1. 充分挖掘和有效利用幼儿园空间资源，扩展幼儿的活动空间，扩大公共游戏区的范围

幼儿园是幼儿生活的第一个社会环境，幼儿在这个"小社会"里游戏、生活，探索未知。我们在幼儿游戏的过程中，发现以班级为单位创设的区域环境存在诸多不足，比如活动范围较小，延展性较差，材料不够丰富，幼儿交往的同伴相对固定等，而这往往也使幼儿的游戏水平和能力发展受到影响。充分利用大厅、走廊、楼道等公共区域，努力寻求新的游戏空间，提高有限资源的利用率。为使班级游戏区域的创设不受空间的限制，最大限度地实现资源共享，教师将最大限度地利用教学楼的长廊、门厅、巷道等空间创设出能吸引幼儿、引导幼儿、支持幼儿活动的公共游戏区域环境。

2. 创设开放、多元、能自主探究的幼儿游戏场

公共游戏区域，不拘泥于班级环境之中，打破了班级界限、年龄界限，具有开放性、兼容性、挑战性和互动性的特点，幼儿在开放共享的环境中能和班级外的其他小伙伴一起玩，自由组队，探索游戏不同的玩法，如此不仅能够使游戏活动更加丰富生动，也为幼儿认知和经验的发展提供了更多的可能。同时对培养幼儿的独立性、主动性、创造性具有重要意义，有效促进了幼儿的全面发展。

3. 践行"儿童本位"的教育理念

根据教育目标、教育内容的具体要求以及幼儿的年龄特点来做整体的安排，一切从幼儿的水平和发展需求出发，充分征求孩子们的意见，积极将孩子们引入公共游戏区域中的方方面面，让幼儿成为区域的主人，基于幼儿的需求和兴趣点，合理创设公共游戏区域。同时公共游戏区域的设置、材料的提供也随幼儿兴趣关注点的转移而做适当调整。

4. 巧妙利用空间、地理因素，采用固定和灵活设置相结合

公共区域的设置要善于利用幼儿园的地理因素，固定和灵活设置相结合，创设丰富多彩的、多功能的、具有选择自由的区角，让每个幼儿有机会自由选择，用自己的方式进行学习。在区域划分上尽可能地使活动动静分区，并根据游戏情况灵活调整。在公共区域的创设上不仅注重物质条件——"硬环境"的创设，而且更注重文化氛围——"软环境"的营造，把"硬环境"和"软环境"紧密结合，让环境说话，让幼儿与环境互动起来。

5. 立足于园所文化与实际，合理规划区域

幼儿发展是幼儿园课程实施的目标和价值导向。公共游戏区域的设计是根据《指南》中幼儿五大领域学习与发展目标，通过收集、整理、筛选当地文化资源，遵循适宜性、趣味性、活动性原则而设计创建的。我们将当地文化转化、渗透到共享区域活动中，使原本枯燥、深奥，幼儿不易理解的教育内容，变为生动、有趣、幼儿喜爱的区域活动，现已创设共享区域"茶吧""造纸坊""棋吧"等。这些公共游戏区域的环境创设注重民族味、乡土味，材料投放注重真材料、真体验。如"造纸坊"里的造纸槽、纱网，"茶吧"里的茶具、茶盘，等等。每一个活动区都赋予了本土文化新的内涵，最大限度地支持幼儿主动去感知、去体验、去探索，萌发其对当地文化的认同。

二、公共游戏区域环境创设原则

1. 材料选择自然且贴近生活实际

自然材料是有生命力的，是沐浴过阳光、受雨露滋养过的生命，总带着独特的灵气。教师应努力在保证安全卫生的情况下，尽可能地支持幼儿与自然材料接触，以便他们收获更多从人工材料中得不到的发现。例如，秋天到了，孩子们在户外捡拾操场上掉落的小果子、小树叶、小石子，他们把自然物带回娃娃家，串起了"糖葫芦"，还利用娃娃家的炒锅像模像样地"炒"起了"菜"，由此也能够看出幼儿在家有观察过家里人炒菜做饭的经验，他们在整合过往经验的过程中进行着重组和创新。

源于真实的生活，孩子游戏的兴趣会持续更久。例如，为了满足幼儿的角色游戏，教师提供了多元的贴近生活的材料："妈妈"的化妆品、"宝宝"的奶瓶和纸尿裤、"爸爸"的电脑等，助力孩子们的游戏。孩子们也确实能够充分结合家庭的经验，"妈妈"会用各种化妆品把自己打扮漂亮，会给"宝宝"穿好小衣服，往自己的包里装上奶瓶、衣服、纸尿裤等物品，还会用收集回来的旧手机、旧iPad等"接打电话""看视频"……生活化的材料帮助幼儿调动了家庭经验，在情景中学会表达。

2. 游戏区的材料应满足不同层次幼儿游戏的需要

公共游戏区域中，游戏的主体是小班、中班和大班的幼儿，不同阶段的幼儿虽然只差一两岁，可是在个体发展方面却存在着很大的差异。因此，教师要正确把握同一材料的弱、中、强三级目标，或投放同一目标下的弱、中、强三级材料。所以，在投放材料时应根据幼儿的发展水平，在支持幼儿现有发展水平的基础上给予拓展和延伸。在游戏中，幼儿的能力和兴趣往往会随着游戏的进行而不断发生变化。仔细观察幼儿对材料的利用情况及兴趣倾向，及时对材料进行调整。材料投放应呈现动态性，比如绘本区域，投放的绘本要涉及各个年龄段，同时教师也要简单设置一些卡片、头饰等绘本表演过程中需要用到的道具，然后针对不同年龄段的幼儿，进行不同的游戏组织与指导。

3. 幼儿与环境的互动

首先，鼓励幼儿参与环境的创设，师幼共同收集材料，为活动提供开放式的环境。其次，

让环境具有动态性。如在科学探索区中，提供饲养栏供幼儿饲养，观察各种小动物并常增添其他物种。这样幼儿从亲自操作中得到了乐趣，而且每一次都很兴奋、观察也很仔细。

4. 与班级区角游戏有机结合

班级的区角活动一般都来源于各班孩子喜欢的游戏内容。那么，在班级区角活动中孩子们最喜欢玩的是什么？在玩这些游戏的时候由于班级空间、材料、人员等方面的限制，有没有实现起来有困难的地方呢？我们在观察幼儿游戏的过程中经常会发现教室区角空间有限，在一定程度上限制了幼儿游戏的质量；那么公共游戏区域由于其灵活性较大，则可以作为班级区角游戏的延伸、扩展，提高幼儿游戏的质量。

拓展延伸

公共游戏区域活动是幼儿自我学习、自我探索、自我发现、自我完善的活动，有相对宽松的活动气氛，灵活多样的活动形式，能够满足不同幼儿发展的需要，能促进幼儿全面素质的形成、发展和提高。

创设实施

在幼儿园，除了固定的班级、专用教室外，还有一些幼儿和老师都必经的地方，这些地方可能不大，但具有不可忽视的作用，一般我们都将其叫作公共游戏区。如何最大限度地开发、利用、布置幼儿园的公共游戏区，以吸引、支持幼儿的游戏活动，是一线教师在实践中遇到的一大难题。

具体措施：

1. 优化空间布局，提供适宜的场地空间

选择和规划是创设公共游戏区域的第一步，因此我们对园内的门厅、走廊等公共空间场地进行了整体的统筹与规划，充分利用园内一切可利用空间，根据相关邻近、动静分开等区域创设原则进行设置，如"大脚丫小舞台"和"美美形象屋"放在门厅位置，因为门厅是幼儿入园首先接触到的区域，各位小朋友们可以到化妆间和更衣室选择自己喜欢的服装进行装扮。等到"变身"完成后，拉开神秘的幕布，他们就闪亮登场啦！换上舞台服装的小朋友们沉浸在自己所扮演的角色中，在这片小小舞台上，他们尽情地歌唱、舞蹈，散发着他们每个人独特的光芒。一楼走廊场地空间较大，鉴于建构区幼儿游戏的延展性较强，将大型积木区放置于一楼走廊，既可以横向扩张，也可以纵向往操场方向扩张。幼儿可以和同伴共同协作建构属于自己的建构作品。大班幼儿在"买卖小高手"主题活动中，对买卖游戏有空前的参与热情，所以应响应幼儿兴趣需要，在走廊处分别设置茶水小铺、小宝当家、小吃街的区域游戏。将这些相似的

区域设置在相邻的位置，使幼儿在游戏中产生区域之间的有效互动行为。

2.材料投放合理且富有层次

教师在投放材料的过程中应站在幼儿的角度思考问题，投放的材料既是幼儿感兴趣的，又是具有实用性的。例如，"大脚丫小舞台"，更多地需要投放一些各种形象、各种风格的道具服，"小宝当家"区域中，需要投放仿真类的食品、玩具、收银台、购物车等相关材料。有一些操作材料看似合适但幼儿实际操作起来却存在不少问题，因此在材料投放的过程中，要充分考虑幼儿操作的合理性。例如，手工造纸从操作方法来看还是相对简单的，幼儿操作起来难度也不大，但从自制纸浆到成品可以使用需要较长一段时间，一次活动时间内无法完成。因此，除了投放自制纸浆外，还需要投放提前制作好的纸张供幼儿操作。在实际操作时，幼儿可以分工合作，便于在操作中更加合理地使用材料。随着幼儿年龄特点的变化和自身能力的发展，其在科学探究活动中的需求也有所不同，因此材料的层次性也是比较重要的。

3.提供适时而有效的指导

观察是了解孩子的重要途径，只有观察才能了解孩子的兴趣、特点和需要，并在此基础上进行分析，从客观实际出发，更有针对性地指导幼儿活动，提高教育指导的效果，最大限度地发挥幼儿游戏的作用。比如有个别幼儿不能融入区域游戏中，此时，教师不能主观臆断地让孩子直接加入某个游戏中，可先与他做简单的交流，了解他的想法和需要，再引导他进行下一步的游戏活动。同时教师还要把握时机，适时介入指导。当孩子遇到困难玩不下去的时候，如"娃娃家"人数已满，但是孩子又不想去其他区域的时候，老师可引导他："你想一想怎样才能进去？"当他想出"当一名客人"的时候，孩子终于以一名"小姨"的身份进入娃娃家去玩了。在游戏中孩子往往会遇到一些困难，这时如果教师能启发他并给他一些帮助，孩子对此不但印象深刻，还会感受到教师的浓浓关爱，在今后的区域活动中再碰到类似的问题孩子肯定可以积极面对。

创设作用：

（1）在欣赏表达的环境中，幼儿每天都能看到美、感受美和表达美，提高幼儿艺术感知与表现能力。

（2）在公共游戏区，不同年龄段的幼儿之间会展开各类小活动。在"大带小"的活动过程中，幼儿体验同伴共同游戏的快乐。

（3）幼儿不仅局限在班级环境之中，还能在开放共享的环境中认识、探索更多的新事物，提高认知水平。

（4）在公共游戏区，幼儿能和班级外的其他小伙伴一起玩，这样可以充分发挥幼儿的个性优势，使幼儿敢于在他人面前大胆、清楚地表达想法。

托幼园所环境创设

案例展示（如图 4-4-1～图 4-4-3）：

图 4-4-1　阅读区

图 4-4-2　水墨画区

（a）　　　　　　　　　　　　　　　（b）

图 4-4-3　多彩编织坊

课后实训

幼儿园公共游戏区域的材料应满足不同层次幼儿游戏的需要，请你以小组合作的方式任意选择本单元中所提到的幼儿公共游戏区域，说说如何在本区域中做到材料投放体现弱、中、强三级目标？

单元五

托幼园所学习领域环境创设

幼儿的发展与成长往往与所处环境互动的有效性密切相关，关注班级内的学习型区域环境设计与幼儿的行为至关重要。幼儿园环境是幼儿园课程看似无形又重要的一个环节，创设幼儿园环境时必须综合考虑环境的教育性，考虑与主题课程产生交互的实际，才能发挥环境的这种课程功能与教育价值。

一个园所的主题活动往往体现了一个复杂而成体系的教育观，应在结合幼儿身心特点、园所实际、地域文化、发展经验基础上形成综合而全面的教育观。在主题活动行进的脉络中，发展与继承往往兼容并蓄，主题活动会激发学习型区域活动的探究、发展与延伸，此类区域活动又反哺主题活动，满足幼儿深入探究的需要和可能性。

在学习型区域活动中，幼儿可以选择自己心仪的区角、材料、同伴、玩具，按照自己的兴趣和能力来选择活动的具体内容和游戏的不同玩法。学习型区域主要包括艺术领域、科学领域、语言领域。在这种没有压力的环境中学习、探索、游戏，使幼儿获得丰富多样的经验以及与同伴交往的机会，同时，区域活动也增加了教师直接接触、观察了解、分析支持幼儿的机会，有效弥补了其他类型活动中教师的注意分配不足、行为支持困难、交流互动不深入等问题。

学习目标

知识目标：掌握托幼园所学习领域环境创设的方法和要点。

能力目标：能根据各年龄段幼儿发展的特点创设艺术、科学、语言区域。

情感态度价值观目标：关注主题活动中幼儿学习型区域发掘的闪光点，满足幼儿探索、整理、巩固，创造性地再现各种感受和经验的内在需求。

活动一　艺术领域环境创设

情景导入

阳春三月，春暖花开，万物复苏。孩子们经常喃喃自语道："春天来了，光秃秃的小树发芽了，小草也发芽了……"春天，是一个美好的季节，春风、春雨、春天的动植物、春天的色彩，构成了一幅幅五彩的画面，它深深地吸引着孩子们的目光。《纲要》中指出："幼儿喜欢接触、观察身边的自然环境，乐于提问，对自然现象产生兴趣与好奇，注意自然环境的明显变化。"因此，教师可以结合季节特点及幼儿的兴趣所在设计不同主题的艺术领域活动。

知识锦囊

常见的艺术领域环境创设主要是指班级中的美工区与音乐区的环境创设。

美工区是班级教师根据幼儿发展水平与教育目标，为幼儿开设的可以自由欣赏与美术创作的个别化学习场所。音乐区是幼儿园音乐教学活动扩展和延伸的平台，能有效促进幼儿情感、认知、动作、语言、艺术、社会性等的发展，常以"小舞台""小剧场"的形式出现。

一、艺术领域创设要点

（1）空间大小、空间布局要有助于幼儿自主参与活动，具有较强的艺术氛围。美工区需要足够的光线照射，可设置在自然采光良好的地方，如图5-1-1所示；再加上材料的特殊性，部分活动需要用到水，因此活动区域的设置应靠近水源。音乐区的设置需考虑动静分离，尽量避免与安静的区域为邻，如图书区；设置较为宽敞的区域空间，供幼儿探索。

图5-1-1　自然采光良好

单元五　托幼园所学习领域环境创设

（2）工具和材料的选择尽可能丰富多样、摆放整齐有序，并提供置物架，灵活投放区域材料，如图5-1-2和图5-1-3所示。过程中及时补充与完善，做到有效引发与满足幼儿的艺术创作需求。教师可根据幼儿的兴趣投放与艺术领域相关的材料，让幼儿在小组化学习与个性化探索中提高艺术素养，发展艺术感受力和想象力。

图 5-1-2　置物架　　　　　　　　　　图 5-1-3　丰富多样的材料

二、艺术领域创设原则

1. 目标性原则

艺术领域的环境创设需遵循目标性原则，教师需明确区域活动的目标。目标明确才能最大化地通过开展区域活动激发幼儿的学习兴趣，促进幼儿的身心健康发展。目标的导向性、计划性和层次性也是影响艺术领域区域活动开展的关键性因素。例如美工区活动"春日野餐"中，教师为幼儿创设了春日野餐的游戏情境，幼儿根据自己的经历用绘画的方式表现春日野餐的快乐。教师根据本班幼儿的年龄特点、发展水平，将目标设置为"尝试用交叉排列法编织出餐垫，并用绘画的形式表现春日野餐场景。"

2. 适宜性原则

不同年龄阶段的幼儿发展水平不同，教师在创设艺术领域的环境时需遵循适宜性原则。所谓的适宜性原则是指艺术领域的环境创设要适合不同年龄阶段的幼儿，根据其发展水平与活动内容投放不同层次的材料。

拓展延伸

以美工区为例

小班幼儿常以绘画为游戏，在自由涂鸦的过程中逐步学会使用简单的绘画工具和材料，逐步学习控制手的动作，因此在美工区域活动中不能在技能上有过高的要求。区角创设初期，可以和美工教学活动同步，分类逐次投放美工活动区材料，如采用软笔、棉签棒、各种拓印材料等满足幼儿对色彩变化的好奇，注意活动中尽量不使用硬笔，以免对幼儿造成伤害。除此之外，小班幼儿喜爱玩纸和撕纸，体验纸张形状的改变；喜欢用胶棒进行粘贴，感受改变画面结构的成就感。

中班幼儿的手部肌肉动作的力度明显提高，能有意识地控制笔的走向，能做一些比较精细的动作，具备用各种图形表达简单物体的绘画技能，已基本会使用蜡笔均匀涂色、清晰地勾画轮廓线、小面积涂色等。中班幼儿开始对立体造型艺术活动产生兴趣，如泥工、手工制作等，能用轻黏土或彩泥塑造常见的物品，喜欢使用专项美术工具，如分泥刀、泥工板、塑形模具等。中班幼儿随着架构经验的不断深入与积累，能初步使用低结构材料进行简单制作。

大班幼儿已能观察到物体的细节部分，喜欢用多种工具、多种材料、不同表现形式把自己的所见、所闻、所想展现在画纸或手工作品中。大班幼儿已掌握水彩笔、蜡笔、毛笔等不同工具的基本属性和使用方法，能有目的地使用和呈现多种表现形式，如喷水法、水油分离法、刻划法等。

3. 趣味性原则

兴趣是幼儿不断探索的内驱力，在艺术领域环境创设中，教师应时刻关注幼儿的兴趣与需要，为幼儿提供与生活紧密相关的、趣味十足的、丰富多样的材料。如打击乐器中的圆舞板、碰铃等，可吸引幼儿，激发幼儿进一步深入探索的兴趣。

拓展延伸

音乐区的材料投放

类别	主要材料	辅助材料
表演类	表演舞台、舞台背景墙、音响设备（话筒、话筒架、播放机等）、节目表演展示图、演出展示架、乐谱架	小椅子（观众席）、节目海报等
演奏类	音条乐器：钟琴、木琴 木制乐器：木鱼、响筒、双响筒、圆舞板 金属乐器：撞钟、小擦、三角铁、大小锣、铙钹 散响乐器：串铃、沙锤、铃鼓、摇响板、蛙鸣筒 鼓类乐器：大小堂鼓、大小军鼓、架子鼓、其他鼓（腰鼓、非洲鼓等） 自制乐器：杯琴、沙罐、纸箱鼓等 节奏操作卡、演奏图谱	

续表

类别	主要材料	辅助材料
演唱类	歌曲目录单、幼儿歌唱机、歌曲图谱、乐谱、简谱、歌唱姿势图、独唱、合唱图片、合唱台	演唱服、演唱类的音像资料
舞蹈类	舞蹈表演服装、舞蹈动作造型图、队形图、不同舞蹈风格的图片	配饰（舞鞋、彩带、花环、水袖、扇子等）

拓展延伸

美工区的材料投放

美工区活动材料按照不同的维度有多种分类。第一，根据材料的来源，《纲要》将美工区的材料分为生活废旧材料和自然材料；废旧生活材料指日常生活中废弃的、可二次利用的材料，如旧报纸、纸筒芯等。自然材料则是指从大自然中选择的材料，如树叶、石头等。第二，根据材料的用途，《幼儿学习环境评量表》把美工区材料分为水彩笔、蜡笔等绘画材料，水粉、水彩等绘画颜料，瓶子、箱子等立体材料，碎纸、小棒等拼贴材料，固体胶、双面胶等工具。

根据不同的活动内容需要投放不同的材料，以满足幼儿创作的需求。绘画类材料包括常见的各种纸、笔及其不同类别绘画的工具和材料。纸张方面有不同大小、类别、形状、颜色、质地的纸，如素描纸、水粉纸、宣纸、卡纸、瓦楞纸、皱纹纸、包装纸、吹塑纸以及纸箱、纸盒等。笔有蜡笔、油画棒、水彩笔、彩色粉笔、水粉笔、排笔、毛笔等以及各种不同长度、形状、粗细的画笔，还有彩色铅笔、油性笔、水笔等。另外绘画材料还包括颜料、容器以及绘画的其他工具，如雪糕棒、牙刷、纸巾，做印画的各种印章等。手工类的材料可以大致分为手工工具和手工材料，手工工具有剪刀、胶水、泥工板、固体胶、订书机等，手工材料包括橡皮泥、超轻黏土、彩沙、雪糕棒、布、绳子等。欣赏类的材料包括为幼儿提供的欣赏类艺术作品，还包括作品展示区中幼儿的绘画和手工作品。

创设实施

艺术领域的环境创设是指教师为幼儿艺术领域区域活动所提供的条件，一方面是指区域空间的选择与设置，另一方面隐含师幼关系、同伴关系和氛围营造等因素。

具体措施:

1.空间的选择与设置

艺术领域的环境创设具有特殊性。美工区作为幼儿操作的区域,需设置在光线充足、靠近水源的地方;由于部分美术活动常常用水,则需设置在离水源较近的位置,方便幼儿活动。美工区活动相对较为安静,适合与图书区为邻。但是音乐区的设置则不同,因需动静分离,所以在空间与地理位置的选择上应尽量避免与图书区为邻。

2.环境创设

（1）为幼儿创设"标志性环境"。所谓"标志性环境"是指与幼儿形成约定并需要共同遵守的集体规则与行为习惯。例如,在美工区设置"美工公约",帮助幼儿养成良好的进区习惯与行为品质,如图5-1-4和图5-1-5所示。

图 5-1-4　美工公约

图 5-1-5　童心童画

（2）为幼儿提供与环境相互作用的机会。例如主题"春天",教师可以结合主题创设与春季有关的环境:如树叶吊饰、春天里不同植物的照片、春日美景照片（图5-1-6）。为幼儿留有环境创设的空间,引导幼儿积极参与活动,如图5-1-7所示。设置欣赏角,引导幼儿发现春天的美,如图5-1-8所示。

图 5-1-6　美工区环境创设（1）

图 5-1-7　美工区环境创设（2）

图 5-1-8　欣赏角

例如主题"交通",教师可结合主题,创设与交通有关的环境,设置表演舞台,供幼儿展示,如图5-1-9和图5-1-10所示。

图 5-1-9　交通主题创设（1）　　　　图 5-1-10　交通主题创设（2）

3.基本步骤

（1）计划与预约：活动前的预备和计划,常为幼儿的一种心理活动,随着活动的开展与幼儿年龄的增长,逐渐形成使用预约卡预约活动内容的习惯。

（2）新材料推介：幼儿进区前对新材料、新内容的认识。幼儿可自主了解,教师也可以根据主题有针对性地进行新材料的推介。教师需把握新材料推介的程度,为幼儿留有足够探索的空间和余地,如图5-1-11所示。

（3）工具与材料的选择：幼儿根据活动内容自主选择材料与工具。教师需引导幼儿养成合理、有序选择材料的习惯,提高幼儿有序做事的能力。

（4）自主创作：幼儿在一段时间内,根据自己的意愿独立完成或与他人自由组合进行艺

术领域活动的过程。幼儿在此阶段，通过丰富多彩的艺术活动表达自己的情感与体验，享受艺术创作的快乐，如图5-1-12所示。

图 5-1-11　幼儿自主探索　　　　　图 5-1-12　幼儿自由创作

艺术领域环境创设案例

（5）整理材料：幼儿在自己创作结束后或区域活动结束时将自己所使用的材料进行归位、整理。教师可设置归位标记，帮助幼儿有序地整理材料。

（6）分享交流：幼儿在教师的组织下自发地进行创作经验的分享与交流，如作品的欣赏展示、创作经验的交流。此过程可以帮助幼儿更好地发现问题、总结经验，为下次活动奠定基础。

创设作用：

1. 为艺术领域的集体教育提供拓展和延伸的平台

当集体教育不能满足每位幼儿的需求时，教师可以先在集体教育中做示范，再将艺术创作材料投放到相关区域，为幼儿提供一个自主探索、个性化学习的场所。

2. 促进幼儿创造性思维的发展

幼儿的创造性思维是在不断的操作与创作过程中持续发展的。艺术领域的环境创设为幼儿提供了丰富多彩、难易适度的物质材料，激发幼儿创作的欲望，让幼儿直接参与、动手操作，幼儿正处于爱提问、爱动脑、爱创新的时期，再加上教师的适时介入与指导，能有效促进幼儿思维之门的打开。

案例展示（图5-1-13和图5-1-14）：

单元五　托幼园所学习领域环境创设

图 5-1-13　艺术领域创设（1）

图 5-1-14　艺术领域创设（2）

课后实训

中国传统故事《小蝌蚪找妈妈》深受小班幼儿喜爱，以绘画的形式表现故事情节，不仅可以加深幼儿对中华优秀传统文化的理解，还可以提高幼儿的艺术表现力。请以"小蝌蚪找妈妈"为主题采用不同的创作形式为小班幼儿创设一场丰富多彩的区角活动吧！

拓展延伸

美工区的分类

根据创作形式和活动方式，我们将美工活动区分为绘画活动、手工活动、欣赏活动。绘画活动从种类上，包括国画、油画、版画、水粉画、水彩画、蜡笔画、写生画等形式；从内容上，包括物体画、人物画、装饰画、情景画。手工活动从创作的形式上分为平面手工与立体手工。平面手工包括拼贴、撕贴、剪纸、刺绣、扎染等多种形式。立体手工包括折纸、泥工、雕塑、设计搭建等塑造活动。欣赏活动既有对名画、工艺品、风景、建筑物的欣赏，又有对同伴作品的欣赏。幼儿在美术活动区内对艺术作品进行认知、欣赏、模仿、评价。特别说明，这三种活动不是单一存在的，通常表现为：手工活动中含有绘画内容，欣赏活动更需要绘画、手工等形式的参与，绘画、手工活动中也不能缺少欣赏元素。教师需要根据主题要求、材料特点、幼儿年龄特征及兴趣点，设计符合幼儿身心发展的活动内容，创设适合活动开展的区域活动环境。

美工区环境创设案例

105

活动二　科学领域环境创设

情景导入

"玩"是孩子的天性，孩子们在玩中学，学中玩，一草一木均能引发孩子们的思考，小小的脑袋里总会蕴含着无限的遐想，他们经常会问"为什么天空会下雨""为什么天空是蓝色的"，每个孩子都是几个加强版的"十万个为什么"。教室环境则是一个极好的隐形教育资源，于是乎，教师将自己的教育智慧投放于班级环境中，教师通过投放不同的科学材料，给幼儿一个探索和激发兴趣的平台，经过观察、尝试、探究、实验，孩子们了解不同的科学小原理。主动发现和探索周围环境和自然界中各种有趣和奇妙的现象。那么，如何打造一个适宜的科学探索区，如何科学投放材料，指导孩子们的科学探索活动，是很多教师在实践过程中遇到的教育难题。

知识锦囊

一、科学探索区环境创设要点

1. **在空间安排上，科学探索区需要相对安静且大小适宜，能根据需要进行动态变化或调整**

例如，科学区可与数学区等相对安静的区域相邻，远离活动室门口或窗口，尽量避免和音乐区等比较嘈杂的区域相邻。操作台可考虑靠墙摆放，以减少干扰，有助于幼儿专心操作和探究。有些比较吵闹或者需要较大空间进行操作的活动，如筛豆子、钓鱼（利用磁铁）等，也可视情况灵活安排到活动室其他适宜的空间进行，不必限制在一个严格框定的空间内，以此满足科学区不同活动的具体需要，如图5-2-1所示。

2. **幼儿是通过直接接触、动手操作、充分感知、反复体验来进行学习的**

科学探索区操作材料的投放与其他区相比应更注重材料的灵活性，要充分发挥材料的矫正功能，如图5-2-2所示。例如，刚开始玩"多米诺"时，幼儿经验还不足，我们就在墙面上张贴多样的多米诺造型参考图和参考底板，鼓励幼儿积极尝试。随着活动的持续，幼儿的经验不断丰富，幼儿自己排列的多米诺造型图和记录图逐渐取代了原来的参考资料。

3. **墙饰布置能突出益智区的特点，与区域中的活动和材料相得益彰，引发幼儿的互动**

例如，在围绕"陀螺转转转"活动而设计的墙面展示区，教师悬挂了幼儿自制的各种造型的陀螺，还展示了幼儿在观察陀螺旋转时记录下的各自的发现。这些内容对于幼儿的自主学习是一种鼓励和支持，如图5-2-3所示。

4. 科学探索区区域创设应充分考虑幼儿的年龄特征，体现阶段性、差异性

小班的科学区活动应该更贴近幼儿生活，更具有游戏性，可以单独设置，也可以和玩具吧、沙水区、操作区等结合起来设计；中、大班科学区的创建应该突出活动的可操作性、趣味性和游戏性，要为幼儿提供充足的活动材料和空间进行科学探索，满足幼儿的好奇心和求知欲，让幼儿亲历"科学家研究科学"的过程。

（a）　　　　　　　　　　　　（b）

图5-2-1　空间安排

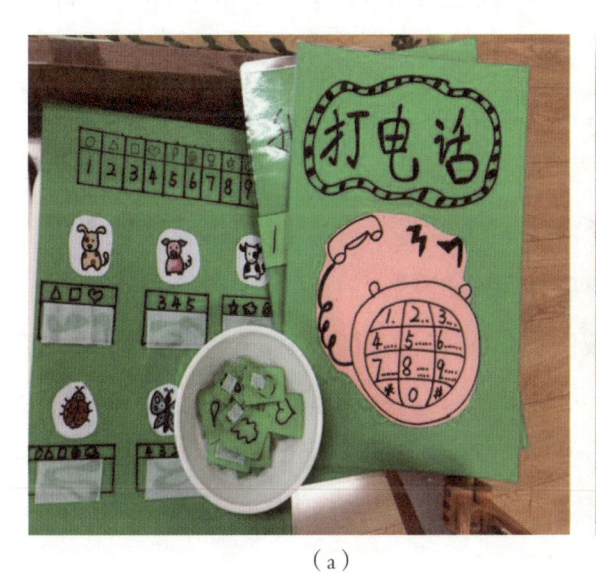

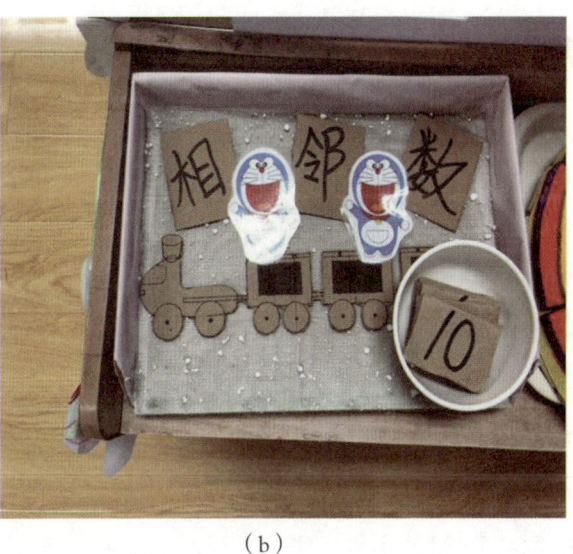

（a）　　　　　　　　　　　　（b）

图5-2-2　材料投放

托幼园所环境创设

（a） （b）

图 5-2-3 墙面布置

二、科学探索区环境创设原则

1. 适宜性原则

在材料投放过程中，要针对幼儿年龄特点、主题活动目标，结合幼儿实际生活经验，适时适宜、科学有效地投放操作材料，从而满足幼儿的好奇心和探索欲望。基于科学探索区材料投放原则和不同年龄段幼儿科学探索游戏的特点，教师可以按需进行材料投放。

小班科学探索区可以根据小班幼儿的年龄特点投放具有趣味性的材料。比如"萝卜长城""彩色纽扣"等，材料本身具有直观、形象、有趣的特点，充满情节性和趣味性，可以让科学探索区成为小班幼儿欢乐的小天地；也可以根据主题活动和教学活动的延伸投放材料，比如"颜色分类""图形等分""图形配对"等，幼儿可以通过操作材料巩固对知识的掌握。

拓展延伸

在主题活动的进行中，教师可以选择合适的学习区域提供和主题有关的区域材料，满足幼儿探索、整理、巩固、创造性地再现各种感受和经验的内在需求，有助于引发幼儿产生更新更深入的学习活动。如，在学习型区域中，幼儿和同伴、教师一起运用言语交流、涂鸦绘画、手工制作、动作模仿、情节复现、故事创想等多种方式来表达自己对学习型区域的兴趣、经验与困惑；通过阅读绘本、浏览图片、观看电视广播、听成人介绍、与同伴交流、看话题海报等多种途径，较为概括地了解有关主题的部分知识，对于和已有经验链接较多的那部分话题，产生了进一步的探究意愿。

中班科学探索区的投放可以体现目标性，有的放矢地投放材料，如"彩蛋游戏""穿绳游戏"等。投放时要注重层次性，操作的材料应与幼儿年龄相符，例如"相邻数拼图"，可以由浅到深，由易到难，如图5-2-4所示。

108

大班科学探索区可以巧投高结构材料，鼓励竞争与合作，如"杯盖捉迷藏"，让幼儿在游戏中训练思考力、记忆力、联想力等，还可以结合幼儿的年龄特征，有计划地投放适合他们已有知识经验的材料，教师适时地为孩子提供支持，助推孩子的游戏。同时有计划地定期调整科学探索区游戏和投放的活动材料，设置具备开放性的科学探索游戏，让幼儿在基础规则之上探索更多玩法，让更多的幼儿喜欢上科学探索区的活动，如图5-2-5所示。

图 5-2-4　中班科学探索小游戏 　　图 5-2-5　大班科学探索小游戏

探索实验区创设案例

2. 注重科学探索性原则

科学探索区旨在向幼儿传递"科学核心概念"，开发幼儿的想象力和探索性思维，支持幼儿的深度探究，提高幼儿解决问题的能力。故对于各年龄阶段的幼儿教师在投放以及创设科学探索区域的过程中要注重材料的科学探索性、操作性。同时在幼儿进行自主探究活动的过程中，教师应尽可能地放手让幼儿在触摸、感受的基础上，尝试去发现问题、鼓励幼儿独立思考、动手动脑操作，在探索过程中去记录、修正，在不断地实践过程中得到答案。

例如，每到春天的时候，班级种植角就会百花齐放，然而种植角不单单是一个绿色家园的呈现，也应鼓励幼儿观察植物的生长变化，并做好观察记录，科学探索区会为幼儿提供各种各样的种子、放大镜、记录单等。通过一段时间的细致观察，了解关于植物生长的一些知识，也在此过程中培养幼儿的科学探究兴趣和观察的敏锐性，如图5-2-6所示。

3. 与日常生活经验相结合原则

幼儿的年龄特点决定了幼儿的学习是以直接经验为主。科学经验的获取也是粗浅的、容易理解的、与自身生活经验相关的，故在材料的选择上，尽可能地选取生活中常见的材料进行创设。同时注重合理性、操作性、创新性和整体性，满足不同幼儿的发展需要，幼儿在自主探究

中发现一些常见的科学现象和规律，从而激发其进一步探索的欲望。

例如，影子是幼儿日常生活中非常感兴趣的话题，户外活动时间，总能在幼儿园的一角寻找到玩影子的小朋友。然而这个熟悉、亲密的好朋友也会给小朋友们带来这样、那样的疑问和乐趣：为什么影子总是跟着我呢？影子为什么有时候很长，有时候又很短呢？带着这样的疑问，教师们在科学探索区提供了多样的探究材料，如手电筒、纸杯投影小剧场、彩色影子画、大小不一玩具模型、操作记录单等。鼓励幼儿亲身体验找影子、追影子、赶影子，尝试发现光源与影子的关系、影子的色彩、一物多影等科学小知识，如图5-2-7所示。

图 5-2-6　幼儿观察植物

图 5-2-7　幼儿与影子的游戏

单元五　托幼园所学习领域环境创设

> **拓展延伸**
>
> 　　幼儿学习科学的过程，实际上就是科学探究的过程：观察现象、提出问题、做出假设、检验假设、形成结论等。

创设实施

　　幼儿科学学习的核心是激发探究兴趣，体验探究过程，发展初步的探究能力。因此，科学区活动中教师的指导更多的是间接的指导：通过创设情境激发幼儿参与探索、不断接受挑战的愿望；通过提供适宜的材料，引导幼儿体验探究的过程；通过及时组织活动过程中及活动后的交流分享，促进幼儿相互学习。

具体措施：

1.空间的选择与布置

　　科学区应因地制宜，根据班级活动室的面积、朝向、班级和幼儿人数等因素来确定，要兼顾集体活动、小组活动、个别活动的需要。

　　例如：面积较大的班级，可以分主题创设科学区，如光影区、沙水区、电磁区等；面积较小的班级在创设科学区时可能就需要与其他区域综合起来考虑，可以把科学区、自然角、数学区、语言区相结合统一为益智区。另外，科学区的探索活动需要幼儿的专注、投入，所以最好与表演区等相对吵闹的区域有一定间隔。

2.设施设备

　　巧妙利用空间与班级资源，整合配置材料与探究活动。

　　没有空间摆放开放式橱柜的班级，可以把科学探索的材料集中在几个主题箱中摆放，区域活动或自由活动时再取出进行分组活动。因为科学区的活动内容丰富，有的需要水，有的需要电，有的需要黑暗或光照，所以科学区最好临近水源、光源和电源，或者有特别的装置，如图5-2-8和图5-2-9所示。

图 5-2-8　靠近电源　　　　　　　图 5-2-9　靠近水源

111

教师可以合理利用桌面、屏风等将益智区动静分隔开。宜使用分层的架子或操作盒展示和收纳各种材料，以便幼儿自主取放；宜使用专用的操作台或带有边框的桌面，以方便幼儿操作，如图5-2-10和图5-2-11所示。

图5-2-10　操作盒　　　　　　　　图5-2-11　分层架子

班级科学区的墙壁，可以悬挂或粘贴部分操作材料，也可以张贴实验操作步骤和方法的示意图。例如：可以张贴幼儿的实验记录图表，有些弯管实验、传声筒实验材料可以直接固定在墙上，如图5-2-12所示。

（a）　　　　　　　　　　　　（b）

图5-2-12　墙面悬挂或粘贴部分操作材料

3.工具和材料

幼儿园科学探索区区角材料主要分为智力玩具、镶嵌玩具、棋类、牌类、套式玩具、沙盘类等。不同区间的游戏设置承接了不同的幼儿智力开发层面，培养幼儿的思考力、记忆力、联想力和判断力。

常见玩具类型见表5-1。

表5-1　常见玩具类型

玩具类型	种类
智力玩具	用于比较、分类、配对、排序、判断、推理等的珠子、七巧板、几何图形、拼图、骰子及七巧板2～4盒/班，拼图1～2套/班，数形投放盒4～6盒/小班，几何图形、拼图4～6盒/小、中班，骰子4～6个/班

续表

玩具类型	种类
镶嵌玩具	数字卡片、拼板等
棋类	飞行棋、记忆棋等投掷型棋，三子棋、五子棋、跳棋、围棋、象棋等儿童对弈棋、迷宫等
牌类	配对牌、接龙牌等
套式玩具	套人、套塔、套筒、套碗等
沙盘类	操作模具、材料等
其他	指导用书、区角活动材料说明等

科学探索区的材料投放要注意活动材料的适用性和适应性。适用性方面，教师应注重活动材料的生动美观、丰富多样，并抓住材料的投放时机。适应性方面，适应不同年龄幼儿的身心特征、不同能力幼儿的需求，并且贴合幼儿自身发展。

4.基本步骤

（1）了解材料的玩法和规则：根据是否投放新材料约定活动方式。

如果没有投放新材料，幼儿自主选择材料开始活动；投放了新材料，教师需要根据材料的类型为幼儿讲解材料的使用方法，让幼儿了解新材料的玩法和规则，如图5-2-13所示。

（2）选择材料开始活动：关注幼儿习惯和活动的状态，发现问题、分析原因并给予有针对性的指导。

例如，当幼儿无法专注操作时，教师可以从以下几个方面考虑：材料是否适合幼儿的经验水平？幼儿是否了解操作方法和规则？幼儿是否具备专注操作的心理状态和环境？具体如图5-2-14所示。

（3）收拾整理材料：益智区的材料有其特殊性，有的需要按顺序摆放整齐，有的需要打乱顺序摆放，如拼图、接龙、配对等类型的材料，具体见图5-2-15。

（4）分享与交流：从幼儿对材料的兴趣、操作中的新发现新创意、对于规则的理解掌握、合作中的问题以及幼儿的习惯养成、能力提升等方面选择话题，引导幼儿分享与交流，如图5-2-16所示。

图 5-2-13　教师讲解　　　　　　　　图 5-2-14　幼儿自主操作

图 5-2-15　收拾整理材料（1）　　　　图 5-2-16　收拾整理材料（2）

创设作用：

1. 满足了幼儿不同的探究兴趣

幼儿的天性就是爱探究，他们喜欢看、喜欢摸，更喜欢动手去操作，但是幼儿的探究兴趣各不相同。科学区恰恰为幼儿提供了这样一个探究的场所，丰富的材料为幼儿提供了自由探究的空间，幼儿在与不同材料的互动过程中，学习发现问题、分析问题和解决问题，从而不断产生进一步探究的欲望。

2. 关注了幼儿个体探究的需要

在集体活动中，教师会引导幼儿围绕一个问题、一个核心经验进行有目的的探究，这个问题和经验往往是教师预设好的。而在科学区中，教师通常将问题和核心经验隐藏在材料中，让幼儿在操作的过程中，慢慢地发现问题。教师更多的是站在幼儿的身后观察，让幼儿自发地探究、讨论和交流。在观察的基础上，了解幼儿探究的需要和发展水平，从而更有目的地提供有针对性的指导和帮助。

3. 让幼儿真正去"做"科学

科学探索区这种形式就像一种慢生活的体验，将原本一节活动中就需要幼儿掌握的内容延长到一周、两周，甚至更长的时间中去，让幼儿有充分的时间去亲历和参与探究过程，幼儿在与材料的反复接触和操作中，不断获得新发现，产生新想法、新问题。在这个过程中，幼儿可以根据自己的需要和速度来安排探究活动，真正体现了让幼儿去"做"科学。

案例展示（图 5-2-17 和图 5-2-18）：

图 5-2-17　垃圾分类

图 5-2-18　造纸游戏

造纸游戏案例

课后实训

管理好时间是幼小衔接的重要内容，这有助于培养孩子正确的时间观念，养成按时、惜时的习惯，懂得时间管理的孩子更自律、自主。这对以后的学习、生活都有重要影响。请你根据大班幼儿已有生活经验合理安排一个关于"认识时间"的益智区区角游戏。

活动三　语言领域环境创设

情景导入

"哇！可可，你快看，这本图书中有只很大的恐龙，你知道它是什么恐龙吗？"琪琪惊奇地对可可说道："这一页也有一只，它的尾巴好长呀！"类似于这种情境，我们在中班的语言区域中经常见到。中班幼儿注意力比小班集中，语言表达能力有所发展，能简单概括自己观察到的画面内容。但是他们在图书阅读过程中，阅读兴趣常被图书中的精彩部分吸引，很难做到一页一页从头到尾地仔细阅读，常处于"玩书"的状态。因此，能够掌握正确的阅读方式，认

真完整地阅读图书是该阶段阅读的首要目标。简单、枯燥的说教不利于幼儿习惯的养成，所以在区域活动中让幼儿掌握一页一页翻阅图书的技能，不仅可以培养幼儿良好的阅读习惯，还能满足幼儿的阅读需要。

> **知识锦囊**

幼儿园语言区又称图书区，它是幼儿园各个年龄段班级必备游戏区域之一，是幼儿在游戏中开展阅读活动的主要场所。幼儿在语言区自由进行与阅读相关活动的区域游戏，包括图书阅览、看图讲故事、续编故事、故事表演、合作猜谜、自制图书、图书修补等。幼儿园语言区作为室内游戏的重点区域，不仅可以帮助幼儿从小养成良好的阅读习惯，还是幼儿培养阅读兴趣的有效途径。

一、语言领域的创设要点

1. 选择合适的地理位置

空间的位置与大小适宜、布局有序且独立能给幼儿带来足够的安全感与明确的目标感。语言区需设置在采光较好的地方，为幼儿提供一个相对封闭且安静的阅读环境，如图5-3-1和图5-3-2所示。

图 5-3-1 区域环境创设图例（1）  　　 图 5-3-2 区域环境创设图例（2）

2. 掌握各年龄段的关键

（1）2~3岁托班幼儿。

托班幼儿处于情感依恋期，尝试模仿，喜欢重复，词语发展迅速，听说能力基本形成，但语言表达较弱。该阶段幼儿喜欢听人读书，喜欢童谣、童诗。因此，托班语言区的创设应为幼儿提供一个敢说、想说、会说和乐说的环境，可以投放一些纸质好、可摆弄的阅读材料。从托班幼儿的年龄特点出发，选择幼儿熟悉的、有趣的、简单的阅读材料，也可以投放带有声音的图书。

（2）3~4岁小班幼儿。

小班幼儿正处于认识靠行动的发展阶段，他们的口语表达和人际交往能力、对待事物的持久力与中班、大班相比相对较弱。该年龄阶段的幼儿通常喜欢色彩鲜亮、形象突出、情节简单的故事书。教师在提供图书时应多选择内容简单、颜色艳丽且页码在12页以内的图书。书本的大小对于小班幼儿也很重要，便于幼儿翻阅且不易破损的布书、塑料书，还有能够发出声音的书本都深受幼儿们的喜爱。

（3）4~5岁中班幼儿。

中班幼儿不同于小班幼儿，他们能够清晰地谈话，也愿意表达，更喜欢与家人及同伴交流。而幼儿的语言能力是在交流与运用的过程中发展起来的，因此为幼儿提供自由、宽松的语言交往环境，鼓励幼儿同他人交流，为幼儿提供适合他们年龄特点的读物，有利于培养幼儿的阅读兴趣与阅读习惯。随着中班幼儿各方面能力的不断发展，认知类、社会类的阅读材料非常适合他们。与小班相比，中班幼儿的读物页码增加了，图书中描写的主体形象也较为突出。除此之外，还可以为他们提供自制图书、文学故事书等。

（4）5~6岁大班幼儿。

相对于中小班幼儿，大班幼儿具有更强的观察力和理解力，语言学习综合能力也日益增强。此阶段幼儿不但能够学习不同的语言形式，还可以对语言的含义进行揣摩，可以阅读配有简单文字的图书。大班阅读的范围逐渐扩大，可以是具有科学性的图书，侧重于社会类、生长类的阅读材料，也可以是儿童杂志、儿童期刊等，还可以是剪报。

二、语言领域的创设原则

1. 适宜性原则

不同年龄阶段的幼儿发展水平不同，教师在创设语言领域的环境时需遵循适宜性原则。所谓的适宜性原则是指语言领域的环境创设要符合不同年龄阶段幼儿的需求，教师需根据幼儿的最近发展水平去选择略高于幼儿实际水平的材料，促进幼儿的发展。

2. 整体性原则

语言领域的活动内容常常涉及语言、科学、艺术、社会等课程，因此语言领域的环境创设需考虑各个领域的相互渗透与融合，全方位地促进幼儿知识、技能、情感的发展。

3. 时效性原则

幼儿天生喜欢新鲜的东西。语言领域常出现因图书更换不及时影响幼儿探索、阅读兴趣的情况。语言领域的游戏材料应定时定期更换，遵循时效性原则，防止幼儿"读腻了"的情况出现。

拓展延伸

语言领域的材料投放

（1）图书种类：各类绘本、知识书、自然科学图画书、儿童期刊画报、儿童杂志，以及不同类别的故事书等。

（2）讲述类：图卡、句卡、词卡、字卡、拼图板、自制照片集等。

（3）道具手偶、木偶、布偶、指偶、纸偶、自制场景台等。

（4）设备设施：开放式书架、沙发、软靠背垫、录音机、故事磁带、点读笔、耳机、话筒等。

（5）自制图书：提供自制工具，如动物印章、人物印章、文字印章、便条纸、多种颜色的笔、订书机、订书针等。

（6）图书修补：剪刀、胶水、胶带、纸张、夹子等。

创设实施

良好的活动环境能为幼儿提供自主探索、自我发现、自我发展的空间。语言领域的环境创设不仅需要关注环境创设的效果，还需要关注材料的投放以及教师是否适时为幼儿提供适宜的指导与帮助。

具体措施：

1. 空间的选择与设置

语言领域的环境创设主要是为幼儿提供较为安静的阅读场所，幼儿在此区域中养成良好的阅读习惯，培养积极的阅读兴趣，提升阅读的能力，如图5-3-3和图5-3-4所示。

图 5-3-3　安静的阅读场所（1）　　　图 5-3-4　安静的阅读场所（2）

2. 环境创设

让"标志性环境"帮助幼儿建立正确的阅读秩序。例如将幼儿正确收放图书、阅读图书的行为用照片的形式记录下来，制成阅读公约，如图5-3-5和图5-3-6所示。添加有助于幼儿讲述和表演的游戏材料，投放不同形式的图书，如正向翻阅、反向翻阅书等；创设"我是看书小明星"互动墙饰。

图 5-3-5 区域规则　　　　　　5-3-6 我们的约定

3. 基本步骤

以活动"我会看书"为例：

（1）探索页码的秘密。

与幼儿共同寻找不同图书中页码的位置，并向幼儿详细介绍页码的作用，让幼儿知道页码是由一个一个连续的数字组成的，在翻阅的过程中要按照页码的顺序一页一页地阅读图书。

（2）游戏：页码打卡。

阅读图书过程中进行页码打卡游戏，以两位幼儿为一组，成立阅读小组共同观看一本图书。当幼儿每翻一页时，让幼儿先在页码盖章（用大拇指盖住页码即可）再继续阅读图书内容，一名幼儿负责打卡，一名幼儿负责监督，随后两人交换，继续阅读，阅读完成后，共同交流，相互分享图书内容与阅读感受。

（3）评选活动：我是看书小明星。

在语言区创设"我是看书小明星"互动墙饰，通过评选活动的形式鼓励幼儿争得"看书小明星"的称号，感受阅读图书带来的乐趣。

创设作用：

1. 有利于激发幼儿主动说话的积极性，使幼儿的语言得到最大化的发展

一方面，创设宽松、愉悦的语言环境，为幼儿提供一个敢说、想说、主动说话的环境，激发幼儿语言表达的积极性，使幼儿在阅读、视听、交流等活动中发展语言表达能力。另一方

面，提供多样化的材料（图5-3-7），引导幼儿学会运用不同的材料进行游戏，使活动更加丰富多彩。例如可以利用石头、颜料，在石头上画出故事情节中的人物，并用画好的石头讲出有情节的故事。

图 5-3-7　多样化的材料

2. 有助于培养幼儿良好的语言习惯，使幼儿学会与人相处的规矩

皮亚杰曾说："儿童发展有其不同于成人的图式，儿童必须通过环境与环境的相互作用来发展这一图式。"由此可见，幼儿的学习活动是在与环境的相互作用中发展起来的，利用语言领域的材料，如文学作品中的故事或诗歌，对幼儿进行教育，引导幼儿把文学作品中学到的知识与礼貌行为运用到日常生活中，用礼貌语言进行交往。

案例展示（如图 5-3-8 和图 5-3-9）

图 5-3-8　区域环境创设图例（1） 　　　图 5-3-9　区域环境创设图例（2）

语言区环境创设案例

单元五　托幼园所学习领域环境创设

课后实训

　　讲故事是幼儿语言领域中最受欢迎的活动方式之一，不仅可以提升幼儿的语言能力和理解能力，还可以建立幼儿的自信心。因此，请以语言区要举办讲故事大赛为由，为幼儿创设一场生动有趣的讲故事比赛活动。

参 考 文 献

［1］冯芳. 幼儿园环境创设［M］. 北京：北京师范大学出版社，2015.

［2］［美］Susan Stacey. 幼儿园探究性环境创设——让孩子成为热情主动的学习者［M］. 康丹，陈恺丹，译. 北京：中国轻工业出版社，2020.

［3］Sandra Duncan, Jody Martin, Sally Haughey. 儿童视角的幼儿园班级环境创设［M］. 马燕，马希武，译. 北京：中国轻工业出版社，2021.

［4］汤志民. 幼儿园环境创设指导与实例［M］. 上海：华东师范大学出版社，2012.

［5］幼师口袋. 图解幼儿园环境创设（上册）（下册）［M］. 上海：华东师范大学出版社，2018.

［6］王野梅. 幼儿园教育环境与创设［M］. 长春：吉林大学出版社，2018.

［7］刘彩丽. 幼儿园环境设计［M］. 长春：吉林大学出版社，2016.

［8］袁爱玲，廖莉. 幼儿园环境创设理论与实操［M］. 上海：华东师范大学出版社，2017.

［9］韩智，张敏. 图说：幼儿园环境规划与创设［M］. 北京：北京师范大学出版社，2019.

［10］李俐. 幼儿园班级主题环境创设［M］. 南京：南京师范大学出版社，2016.

［11］陈桂萍，郑天竺. 幼儿园环境创设［M］. 上海：华东师范大学出版社，2016.